W0272737

Tag Powell
Die Silva-Mind-Methode
schnell trainiert

Dr. Tag Powell · Judith Powell

Die Silva-Mind-Methode schnell trainiert

Das Trainingsprogramm
zur Kreativitätssteigerung und Entspannung
• Weiterbildungsseminar •

mvg verlag

CIP-Titelaufnahme der Deutschen Bibliothek

Powell, Tag:
Die Silva-Mind-Methode – schnell trainiert : d. Trainingsprogramm zur Kreativitätssteigerung u. Entspannung / Tag Powell. [Aus d. Amerikan. übertr. von Erika Walter]. – Landsberg am Lech : mvg-Verl., 1988
(... schnell trainiert)
Einheitssacht.: The Silva method of mind mastery <dt.>
ISBN 3-478-07220-4

Titel der Originalausgabe: »The Silva Method of Mind Mastery«
Aus dem Amerikanischen übertragen von Erika Walter.

Umschlaggestaltung: Gruber & König, Augsburg
Satz: Fotosatz H. Buck, Kumhausen
Druck- und Bindearbeiten: Presse Druck Augsburg
Printed in Germany 070 220/488402
ISBN 3-478-07220-4

Inhalt

Kapitel 1
Das Geheimnis erfolgreicher Kommunikation: Ein Lernprogramm in vier Phasen

Das Geheimnis erfolgreicher Kommunikation: Ein Lernprogramm in vier Phasen

Haben Sie sich schon einmal gefragt, warum manche Leute immer im Mittelpunkt stehen, andere dagegen völlig übersehen werden? Es gibt Menschen, die eine Idee oder ein Produkt jedem verkaufen können, während andere nicht einmal einen Zwanzigdollarschein an den Mann bringen.

Einige fordern Zank und Streit geradezu heraus, andere wieder – und oft werden sie dafür hoch bezahlt – können Meinungsverschiedenheiten im Handumdrehen beilegen und zwischen zwei gegnerischen Parteien vermitteln oder sie versöhnen.

Worin liegt das große Geheimnis erfolgreicher Kommunikation?

Wenn Sie die im folgenden beschriebenen Methoden anwenden, können Sie Ihre Überzeugungskraft, Ihre

Gewandtheit im Umgang mit Ihren Mitmenschen bedeutend verbessern.

Ein guter Anfang ist es, das individuelle Weltbild Ihres Ansprechpartners zu erkunden.

Jeder Mensch hat sich sein eigenes Bild von der Welt zurechtgelegt. Er glaubt zu wissen, worauf es ankommt. Er ist überzeugt, er hätte die meisten Situationen so gut im Griff wie kein anderer. Richtig oder falsch, gut oder schlecht, es ist seine Welt.

Es scheint, als wäre er von einer Glasglocke umgeben, die jede Information aussperrt, die seiner Wirklichkeit widerspricht. In dieser Glasglocke hat er sich gemütlich eingerichtet.

Und nun kommen Sie in Ihrer eigenen Glasglocke und mit Ihrer eigenen Wirklichkeit und wollen diesem Menschen sagen, worauf es ankommt. Warum sollte er Ihnen zuhören? Nun, es gäbe viele gute Gründe dafür, aber in seiner Welt ist er der Experte.

Alles, was er hört, vergleicht er mit dem, was er weiß. In diesem Analyseprozeß drängt der Zuhörer die Information in seine vorgefaßten Bahnen und fehlinterpretiert sehr oft, damit sie seinen Vorstellungen entspricht.

Das große Geheimnis besteht also darin, zuerst in die Glasglocke hineinzugelangen, um die Aufmerksamkeit des Ansprechpartners zu wecken.

Der erste Schritt: Entspannen Sie Ihren Ansprechpartner

Die »Beweis-es-mir«-Haltung nimmt ein Mensch ein, der fürchtet, Sie könnten etwas sagen, womit er nicht einverstanden ist. Er sperrt Sie aus, bevor Sie noch angefangen haben. Er ist in Abwehrstellung. Sie müssen einen Weg finden, diese Abwehr zu durchbrechen. Es gibt erlernbare Methoden, wie man die Tür zu einem verschlossenen Geist öffnet. Wir werden Wege erkunden, die zu optimaler Kommunikation führen.

Die Indianer haben eine Redensart, die helfen kann, eine verschlossene Tür zu öffnen. Sie kennen sie vielleicht: »Geh ein Stück in meinen Mokassins«. Das bedeutet, daß man aus sich selbst herausgehen und die Dinge von einem anderen Standpunkt aus betrachten muß. Wir müssen mental in die Glasglocke eindringen, die unseren Ansprechpartner umgibt, und den Schlüssel zu seinem ureigensten Schloß finden. Wie oft hatten Sie schon eine Idee, von der Sie fest überzeugt waren, sie könnte Ihrem Gegenüber helfen? Aber alles, was

Sie ernteten, war ein verständnisloser Blick. Wir sind oft so begeistert von dem, was wir sagen wollen, daß wir vergessen, daß Kommunikation keine Einbahnstraße ist. Wir versuchen, unsere Ideen mit aller Kraft einem verschlossenen Geist aufzudrängen.

Treten Sie innerlich einen Schritt zurück und beobachten Sie Ihren Gesprächspartner. Wie kommen Ihre Ideen bei ihm an? Was verrät Ihnen seine Körpersprache? Wie sitzt oder steht er? Verhält er sich physisch Ihnen und Ihren Ideen gegenüber offen oder abweisend?

Wir wollen hier nicht näher auf Körpersprache eingehen. Es gibt eine ganze Reihe guter Veröffentlichungen darüber. Eine Liste empfehlenswerter Bücher finden Sie im Literaturverzeichnis. Wir wollen Körpersprache einmal aus einer anderen Sicht betrachten. Unsere Methode verhilft Ihnen zu einer einfachen Technik, Körpersprache einzusetzen, die außerordentlich effektiv ist.

Phase 1: Die Körpersprache

Wenn Sie außerordentlich erfolgreiche Verhandlungspartner, Vermittler und sehr gut kommunizierende Menschen beobachten, wird Ihnen etwas Besonderes an ihrer Körperhaltung auffallen. Eines ihrer Geheimnisse, Kommunikation in Gang zu setzen, besteht in der Nachahmung der Körpersprache.

Problem: Sie bedrohen die »Glasglocke« Ihres Ansprechpartners.
Lösung: Versuchen Sie, auf Ihren Ansprechpartner weniger bedrohlich zu wirken.
Technik: Ahmen Sie seine Körpersprache nach.

Phase 1

Als erfolgreicher Gesprächspartner werden Sie in derselben Haltung stehen oder sitzen wie Ihr Gegenüber. Sitzt dieses mit übereinandergeschlagenen Beinen und verschränkten Armen da, werden Sie genauso dasitzen. Verändert Ihr Ansprechpartner seine Haltung, werden auch Sie unmerklich die Ihre verändern. Psychologen haben festgestellt, daß die Nachahmung der Körpersprache ein hervorragendes Mittel ist, einen Patienten dazu zu bringen, sich zu öffnen. Wenden Sie diese Technik an und Sie werden über das Ergebnis erstaunt sein. In den meisten Fällen merkt Ihr Ansprechpartner nicht, daß Sie seine Haltung kopieren, zumindest nicht bewußt. Im Unterbewußtsein sieht er einen Spiegel seiner selbst. Er ist mit sich zufrieden, und da Sie aussehen wie er – zumindest was Ihre Körperhaltung betrifft –, wirken Sie nicht bedrohlich auf ihn. Er fühlt sich wohl in Ihrer Gegenwart. Jetzt entspannt er sich allmählich, gibt seinen Widerstand auf, und der Kommunikation steht nichts mehr im Wege.

Sie können die Nachahmung der Körpersprache bis zur Meisterschaft erlernen, wenn Sie das genaue Beobachten und Kopieren immer wieder üben.

1. Nachahmung der Körpersprache

A. Körperhaltung
   1. Sitzen oder Stehen
   2. Stellung der Arme, Hände, Beine und Füße
   3. Haltung des Kopfes

B. Gestik
   1. Handbewegungen
   2. Armbewegungen
   3. Kopfbewegungen
   4. Körperbewegungen

C. Atmung
   1. Schnell oder langsam
   2. Im oberen, mittleren oder unteren Brustkorb

D. Stimme
   1. Sprechgeschwindigkeit
      a) schnell oder langsam
   2. Stimmlage
      a) hoch oder tief

E. Manierismen
   1. Blinzeln
   2. Gesichtsausdruck
      a) lächeln – mit offenem oder geschlossenem Mund
      b) Stirnrunzeln oder finsterer Blick

Stellen Sie Vertrauen her und übernehmen Sie die Führung

Sie haben sicher schon bemerkt, wie ansteckend es wirkt, wenn jemand gähnt. Die visuelle Suggestion des Gähnens ist ein sehr starker Auslöser, dem man sich nur schwer entziehen kann.

Sobald Sie durch die Nachahmung der Körpersprache eine Beziehung bzw. Vertrauen hergestellt haben, befinden Sie sich auf derselben Wellenlänge wie Ihr Gesprächspartner und können ihn mühelos in die von Ihnen gewünschte Stimmung oder zu der von Ihnen gewünschten Handlung bringen. Überprüfen Sie, ob Sie mit Ihrem Gesprächspartner tatsächlich in Beziehung getreten sind, indem Sie Ihre Körperhaltung verändern, sich die Nase reiben oder irgendeine neue Bewegung machen. Er wird Sie nachahmen, falls die Beziehung schon hergestellt ist. Folgt Ihr Ansprechpartner Ihren Bewegungen jedoch nicht, ist es Ihnen noch nicht gelungen, sein Vertrauen zu erlangen. Wiederholen Sie in diesem Fall die Nachahmung seiner Körpersprache.

Haben Sie Kontakt bekommen, können Sie die Initiative ergreifen und seine Stimmung beeinflussen.

Wenn er zum Beispiel aufgeregt ist, ahmen Sie seine schnelle Atmung nach. Vielleicht blinzelt er immer wieder. Imitieren Sie seine Atmung, sein Blinzeln und/oder andere Körpersignale. Bauen Sie den Kontakt auf und verhalten Sie sich wie er. Dann übernehmen Sie die Führung, indem Sie das Tempo langsam verringern, bis Ihr Verhalten entspannt ist. Ihr Gesprächspartner wird es Ihnen gleichtun, ohne sich dessen überhaupt bewußt zu sein. Diese Technik kann in einer Not- oder Streßsituation sehr hilfreich sein.

Viele Absolventen dieses Seminars haben diese und die folgenden Techniken angewandt, um das Vertrauen anderer zu gewinnen. Einer von ihnen erhielt trotz ungenügender Voraussetzungen mit Hilfe der Nachahmung der Körpersprache und anschließender Verhaltenslenkung einen Kredit. Andere berichteten, daß sie durch die Anwendung dieser Techniken in erstaunlich kurzer Zeit ihre Umsätze erheblich steigern konnten, Anerkennung fanden, befördert wurden bzw. eine Gehaltserhöhung erhielten. Und jetzt sind Sie an der Reihe, Ihre Zukunft in die Hand zu nehmen.

Führen Sie, folgen Sie, oder stehen Sie nicht länger im Weg.
Ted Turner, »Turner Broadcasting«

Die Verantwortung eines Führers

Die Welt ist voll passiver Beobachter. José Silva meint, daß sich die meisten Menschen so verhalten, als machten sie eine vierundzwanzigstündige Kaffeepause. Es ist an der Zeit, entweder die Führung zu übernehmen, zu folgen oder nicht länger im Wege zu stehen. Leisten Sie einen positiven Beitrag zum Weltgeschehen und handeln Sie! Setzen Sie diese Technik ein, um anderen Menschen dazu zu verhelfen, sich selbst zu helfen.

Denken Sie sich Möglichkeiten aus, wie Sie diese beziehungsfördernden Techniken einsetzen könnten, um Stimmungen Ihrer Mitmenschen zu ändern. Beginnen Sie, mit Hilfe der Techniken, die Sie in diesem Buch lernen, anderen zu einem besseren, selbstbewußteren Leben zu verhelfen.

Viele Ihrer Freunde oder Kollegen möchten vielleicht gern Depressionen, Wut, Angst, Mangel an Selbstvertrauen oder Motivation überwinden. Machen Sie sich eine Liste und treten Sie in Aktion!

Sie können der Katalysator sein, der eine Verhaltensänderung hervorruft. Fangen Sie gleich an und helfen Sie noch heute einem anderen.

Kommunikation ist eine moderne babylonische Sprachverwirrung

Kommunikation scheint das allergrößte Problem unserer Zeit zu sein. Auf Reisen im Ausland stoßen wir immer wieder auf Menschen, die versuchen, anderen ihre Sprache aufzuzwingen. Ist Ihnen je aufgefallen, wie Amerikaner im Ausland auf die Einheimischen zugehen, sie auf englisch ansprechen und voraussetzen, daß diese sie verstehen? Das Erstaunliche daran ist, daß ihnen die Leute tatsächlich sehr oft auf englisch antworten. Es ist unglaublich, wie weit die Amerikaner auf dieser Welt mit erzwungener Kommunikation gekommen sind. Natürlich geht es auch so, aber vergessen Sie bitte nicht, daß dies nicht die beste Art der Kommunikation ist.

Wollen wir zum Beispiel mit einem Franzosen erfolgreich kommunizieren, müssen wir französisch sprechen, denn er verarbeitet Mitteilungen auf französisch. Würde sich der Franzose in einer Fremdsprache unterhalten, müßte er im Geist zuerst vom Französischen ins Deutsche und wieder ins Französische zurückübersetzen, um zu verstehen, was Sie ihm sagen möchten. Danach müßte er den Vorgang wiederholen, um in Ihrer Sprache zu antworten. Sie erkennen daran, warum Kommunikation auf unserer Erde ein echtes Problem darstellt.

Die gleichen Schwierigkeiten gibt es auch in Amerika. Jeder möchte ein Spezialist sein. Jeder spricht eine andere Sprache. Der Arzt bedient sich einer Fachsprache, ebenso der Rechtsanwalt. Auch die Jugend hat ihre eigene Sprache, die Senioren ebenfalls.

Die Milliarden-Dollar-Fluktuation

Das gleiche Problem finden wir in unseren Büros.

Es gibt Leute, die jahrelang ihrer Arbeit nachgehen, ohne mit ihren Kollegen, Vorgesetzten oder Mitarbeitern zu kommunizieren. Milliarden Dollar werden Jahr für Jahr für die Einstellung und Entlassung von Personal ausgegeben. Durch eine bessere Kommunikation könnten diese Fluktuationen auf ein Mindestmaß reduziert, wenn nicht sogar beseitigt werden. Viele Geschäftsleute berichten, daß sie mit Hilfe der hier beschriebenen Techniken nicht nur ihre Personalfluktuation verringern, sondern auch die Produktion ankurbeln und das Betriebsklima verbessern konnten.

Die Zerrüttung der Familie

Kommunikationsmangel ist vielleicht die Hauptursache für die Auflösung unserer Familienstruktur. Unsere Seminare werden häufig von Teilnehmern besucht, die nicht miteinander kommunizieren können und noch viel weniger mit ihrer Familie – sogar nach zwanzig oder dreißig Jahren Ehe.

Sie berichteten uns von großen Veränderungen in ihren familiären Beziehungen, nachdem sie unsere Techniken angewandt hatten.

Phase 2: Der Grundwortschatz

Es ist ein einfacher Schritt zu einer besseren Kommunikation, wenn Sie die Sprache Ihres Gesprächspartners sprechen.

Jeder von uns hat eine eigene Sprache entwickelt, eine Reihe von Begriffen und Wörtern, die ihm vertraut sind. Auf diese individuelle Sprache wurden wir schon früh durch Erziehung und Umwelteinflüsse festgelegt.

Es ist die Sprache, in der wir mit unseresgleichen kommunizieren – mit Menschen, denen wir vertrauen. Es ist die Sprache, die sie verstehen und annehmen. Und es ist die Sprache, deren sie sich bedienen, um Mitteilungen zu Problemlösungen aufzunehmen – ihre besondere Art der Kommunikation.

Achten Sie bewußt auf die Sprache eines Zweijährigen, eines Teenagers, eines alten Menschen! Leider versucht nicht jeder, diese besonderen Sprachen zu verstehen. Bedenken Sie, daß Sie nicht unbedingt einen Jargon oder Kosenamen imitieren sollen, sondern die Wörter an sich, die Satzstruktur, die Länge und Häufigkeit der einzelnen Wörter.

Jeder Beruf bedient sich einer eigenen Fachsprache. Vergleichen Sie nur die Sprache eines Geschäftsmannes mit der eines Rechtsanwalts oder eines Arztes. Sicher mißbrauchen Fachleute ihre Sprache manchmal dazu, Sie zu verwirren oder zu beeindrucken, aber meist handelt es sich einfach um ihre verbale Informationsverarbeitung, die Art und Weise, wie sie denken.

Ein Beispiel: Ihr Arzt ist unter Umständen ein schlechter Gesprächspartner, weil er sich einer medizinischen Fachsprache bedient. Er wird vielleicht sagen, daß Sie Probleme mit Ihrem »Orbiculus Ciliaris« haben. Viele Ärzte vergessen, daß ihre Patienten keine medizinische Ausbildung besitzen. Kann ein Arzt überhaupt die Sprache seines Patienten sprechen? Natürlich, aber wie viele andere Fachleute ist er von seiner eigenen Welt so in Anspruch genommen, daß er darüber alles andere vergißt.

Sind Sie so in Anspruch genommen von Ihrer eigenen Welt, daß Sie keine Zeit haben, die Sprache der Menschen zu erlernen, mit denen Sie kommunizieren?

Problem: Verbale Kommunikation.
Lösung: Erkennen Sie den gemeinsamen Grundwortschatz und ahmen Sie ihn nach.
Technik: Allgemeine Nachahmung der Sprache.

Phase 2

Als optimaler Gesprächsführer werden Sie also den Wortschatz Ihres Ansprechpartners nachahmen. Sie werden häufig die Wörter und Begriffe verwenden, die Sie mit ihm gemeinsam haben. Vergessen Sie nicht, nur solche Ausdrücke oder Redewendungen zu kopieren, die zu Ihrer Persönlichkeit passen. Es würde sich komisch anhören, wenn ein Siebzigjähriger sagen würde: »Das ist echt cool!«

Achten Sie darauf, wie ein Mensch spricht, welche Wörter er wählt und ahmen Sie diese nach. Das ist die Sprache, der er vertraut, und in der er sich gern unterhält. Seien Sie sich bewußt, daß Sie sich nicht anpassen, sondern lediglich die Sprache sprechen, die Ihr Ansprechpartner versteht. Dadurch erreichen Sie, daß er entspannter und neuen Ideen gegenüber aufgeschlossener sein wird.

Die nächste Technik geht noch weiter in die Tiefe verbaler Kommunikation.

Die geheime Sprache verbaler Kommunikation

Wenn wir genau darauf achten, wie sich Leute ausdrücken, erhalten wir sehr aufschlußreiche Hinweise darüber, wie sie einzelne Informationen wahrnehmen und verarbeiten.

Die Forschung hat bewiesen, daß wir ebenso, wie wir uns eine Meinung von uns selbst und unserer Umwelt bilden, spezielle Sprachmuster entwickeln, um unser Verhalten unserer Umwelt gegenüber zu äußern. Unsere Wortwahl kann Aufschluß darüber geben, wie wir Mitteilungen verarbeiten. Wenn wir auf die Ausdrucksweise eines Gesprächspartners achten, können wir nicht nur sagen, was er fühlt, riecht, spürt, schmeckt und sieht, sondern wir können auch erkennen, *wie er denkt!*

Sobald Sie wissen, wie Ihr Gesprächspartner denkt, wird die Kommunikation in Gang kommen, und Sie werden vorhersagen können, wie Ihr Partner auf das reagieren wird, was Sie zu sagen haben. Und damit sind Sie einer besseren Kommunikation und einem größeren Selbstbewußtsein einen Riesenschritt nähergekommen.

Wir benutzen die verschiedensten Medien, um unseren Bedarf an Nachrichten zu decken: Fernsehen, Rundfunk, Zeitungen, Illustrierte, Gespräche. Aber wir entwickeln alle eine Vorliebe für ein bestimmtes Informationsmedium, zum Beispiel für die Zeitung. Kein anderes Medium erscheint uns so effektiv. Wir sind sozusagen fixiert darauf. Obwohl wir reiche Auswahl haben, greifen wir, um wichtige Informationen zu bekommen, hauptsächlich zur Zeitung.

St. Petersburg Times
Florida's Best Newspaper
DY: High, low 90s; low, mid-70s; details page 2-A • St. Petersburg, Florida August 24, 1986 ... Vol. 103 -

of deputies have most run-ins with

visor said the deputy "sometimes acts before thinking out a situation."

Another deputy filed 15 charges. He has a "tendency to treat situations on an emotional level," his supervisor said.

Yet another deputy filed 24 resisting-arrest and related charges. "He needs to develop his tactfulness in dealing with the public," his supervisor said.

A *St. Petersburg Times* investigation found that a handful of Pinellas sheriff's deputies filed almost a sixth of the charges of resisting arrest and battery on a police officer brought by the sheriff's department in the past year and a half.

Many of the charges stem from incidents in which deputies have been accused of using excessive force in arresting people, court records show. In many cases, the most serious charge against a person is the police battery itself — often arising from a confrontation sparked by deputies, witnesses say.

In other cases, charges have been thrown out by judges who ruled the deputies failed to show that the confrontations arose from legitimate police work.

The FBI and a federal grand jury in Tampa are investigating allegations that some deputies unnecessarily roughed up people they were arresting. The *Times'* review of all resisting-arrest and related charges filed by sheriff's deputies supports critics' contentions that a handful of deputies routinely had run-ins with the public.

"I have to agree with you that there are a certain few that have caused most of the problems," Sheriff Gerry Coleman told a meeting of Pinellas criminal defense lawyers Aug. 5. "But this is a situation that has occurred over quite a period of time, and it's going to take me some time to clean it up."

Yet department records show Coleman did not question the activities of his deputies even when ju
purported victims
plaints alleging tha
Instead, Coleman con
tain deputies with p
assignments even tho
supervisors said the d
or dealt poorly with th

A *Times* story last
Coleman rarely disci
cused of using excessi
the accusations are co
deputies or by indepen
cords showed that in the

Please see

Ebenso, wie wir eine Vorliebe für ein bestimmtes Medium haben, gebrauchen wir zur Aufnahme der meisten Informationen bevorzugt nur einen unserer fünf Sinne. Grundsätzlich benutzen wir alle: Sehen, Hören, Fühlen, Riechen, Schmecken. Betrachten wir diese fünf Sinne näher, so stellen wir fest, daß Sehen, Hören und Fühlen vorrangig sind. Riechen und Schmecken gehören mit zum Fühlen.

Im Säuglingsalter setzen wir alle unsere Sinne ein, um Informationen über uns und unsere Umwelt zu erhalten. Daraus bilden wir dann unsere Meinung über uns und unsere persönliche Welt. Ob richtig oder falsch, sehr oft bleibt diese einengende Meinung ein Leben lang erhalten.

Hand in Hand mit unseren Meinungen entwickeln wir bevorzugte Methoden und Kanäle der Informationswahrnehmung und -verarbeitung. Mit fortschreitendem Alter benutzen die meisten von uns nur noch einen oder zwei Kanäle, gewöhnlich einen Haupt- und einen Nebenkanal, die wir weiterentwickeln. Einige werden sich vorwiegend des Sehens bedienen, andere wieder des Fühlens, um die Informationen an das Gehirn weiterzugeben.

Wenn wir genau auf die Wortwahl unseres Gesprächspartners achten, welche Substantive, Verben, Adverbien und Adjektive er verwendet, können wir seine »Sinnessprache« erlernen. Und wenn wir uns seiner Sprache bedienen, kann er bequem verarbeiten, was wir ihm mitteilen. So bauen wir eine Brücke zu einer besseren Kommunikation.

Phase 3: Methoden der Informationsverarbeitung

Problem: Verbale Kommunikation.
Lösung: Nachahmung der Wörter, mit deren Hilfe Informationen wahrgenommen und verarbeitet werden.
Technik: Nachahmung des speziellen Wortschatzes.

Phase 3

Einen entscheidenden Durchbruch hinsichtlich der geistigen Öffnung eines Gesprächspartners verdanken wir der Forschungsarbeit von Dr. med. Milton H. Erickson. Er fand heraus, daß sich jeder Mensch zur Informationswahrnehmung einer Reihe bestimmter Schlüssel bedient. Und gleichgültig, ob Partner, Kunde oder Freund, wird er sich geistig niemals wirklich öffnen, um die Ideen eines anderen zu verstehen, wenn dieser diese Schlüssel nicht benutzt.

Dr. José Silva, Begründer der »Silva Method of Mind Development«, wendete diese Erkenntnisse bei den Übungen zur Entwicklung des Gehirns in den »Basic Lecture Series of the Silva Method« an. In vielen dieser Meditationsanleitungen mit bildhaften Vorstellungen wird Ihnen immer wieder gesagt: »Spüren Sie es; fühlen Sie es; stellen Sie es sich vor; seien Sie überzeugt, daß es da ist; tun Sie so, als wäre es da«. Diese einfachen Worte sind sehr wirksam, noch verschlossene Türen zu öffnen.

Die Forschungsarbeiten von Dr. Erickson sen. wurden später von zwei brillanten jungen Forschern weiterentwickelt: Richard Bandler und Dr. phil. John Grinder. Das Ergebnis dieser Arbeiten wurde in einen Kurs bzw. eine Technologie integriert, genannt »Neuro-Linguistic Programming«.

Wenn Sie Näheres darüber erfahren wollen, wenden Sie sich an Ed und Maryann Reese, Direktoren, Southern Institute of N.L.P., c/o Clive Reubin, Marktgasse 4, D-7030 Böblingen.

Man könnte die Neuro-Linguistik als die Sprache der Gehirnneuronen bezeichnen oder noch besser als die Sprache des Verstandes. Wir werden mehrere dieser Sprachen studieren und lernen, sie zur Verbesserung unserer Kommunikationsfähigkeit einzusetzen.

Versuchen wir einmal, ob wir uns die Techniken ausgebildeter, erfolgreicher Verhandlungsführer nicht auch aneignen können.

Die folgenden Wortbeispiele geben Ihnen Aufschluß über bestimmte Wahrnehmungskanäle.

der *visuelle* Kanal
Sicht / sehen

sehen
Blick schärfen
Perspektive
Bild
klar

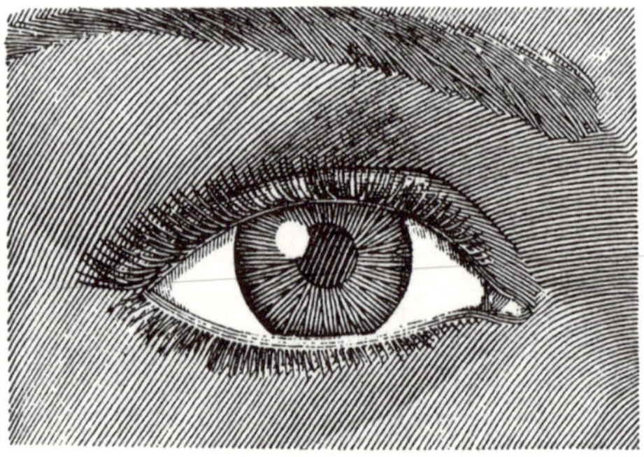

der *auditive* Kanal
Geräusch / hören

Stimme
sagen
hören
sprechen
Geräusch

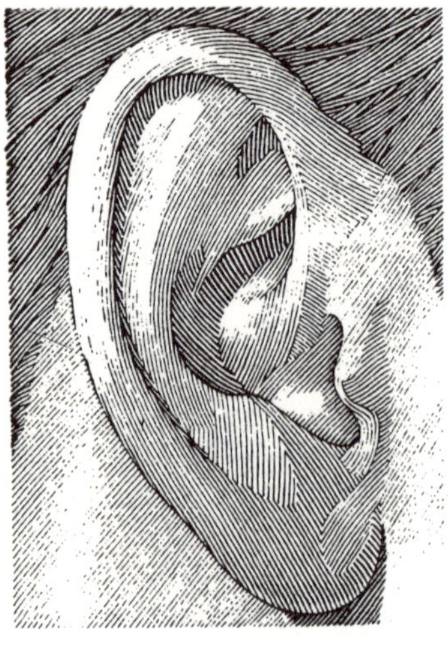

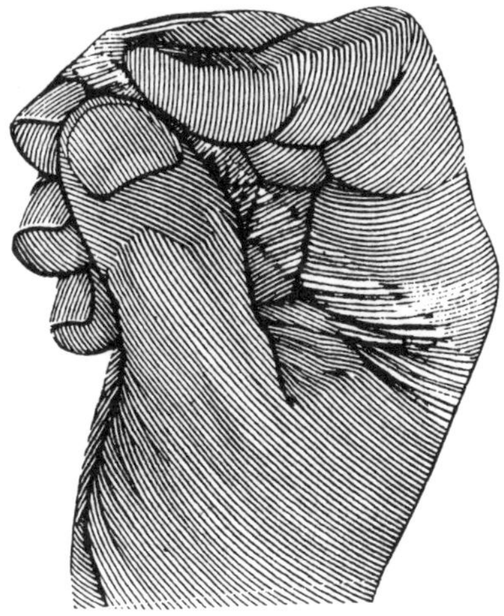

der *kinästhetische* Kanal
Berührung / fühlen

Griff
fest
berühren
konkret
handhaben

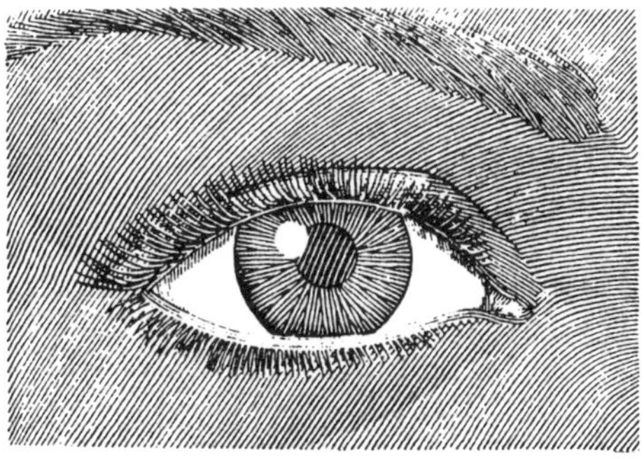

Testen Sie, ob Sie erkennen, welcher Art ein persönliches Schlüsselwort ist: visuell, auditiv oder kinästhetisch.

A. Unterstreichen Sie in den folgenden Beispielen das oder die VAK-Schlüsselwort(e).

B. Stellen Sie die wahrscheinlichste Art der Informationswahrnehmung des Gesprächspartners fest.

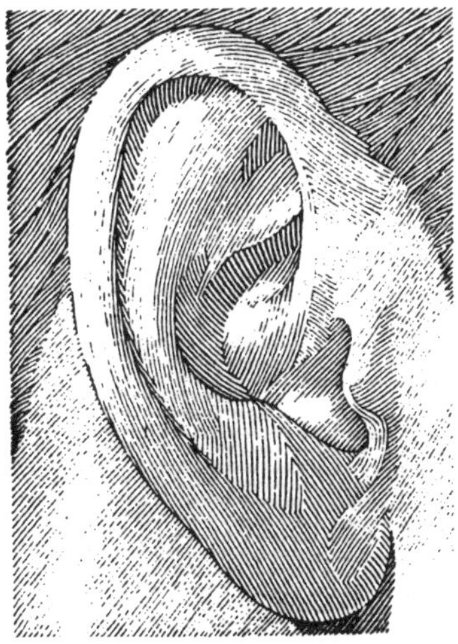

1. Ich habe ein gutes Gefühl bei dieser Reise.

- visuell
- auditiv
- kinästhetisch

2. Das ist wirklich eine glänzende Idee.

- visuell
- auditiv
- kinästhetisch

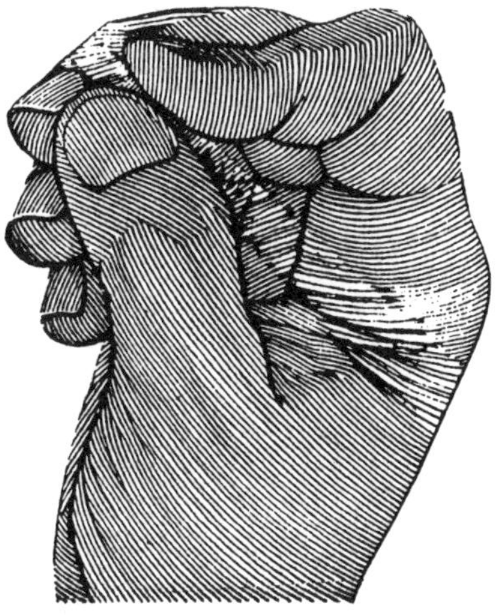

3. Wirf einen Blick in die Zeitung und sieh nach, welche Filme heute laufen.

- visuell
- auditiv
- kinästhetisch

4. Ich befinde mich zwischen einem Felsen und einer harten Wand.

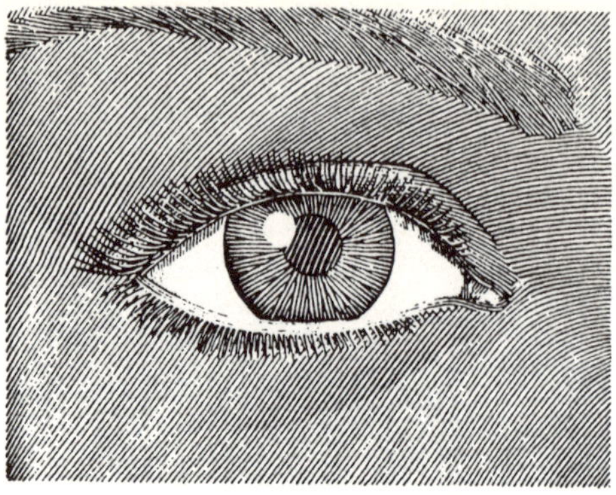

- visuell
- auditiv
- kinästhetisch

5. Ich höre, was Sie sagen, aber ich bin nicht sicher, ob mir Ihr Ton gefällt.

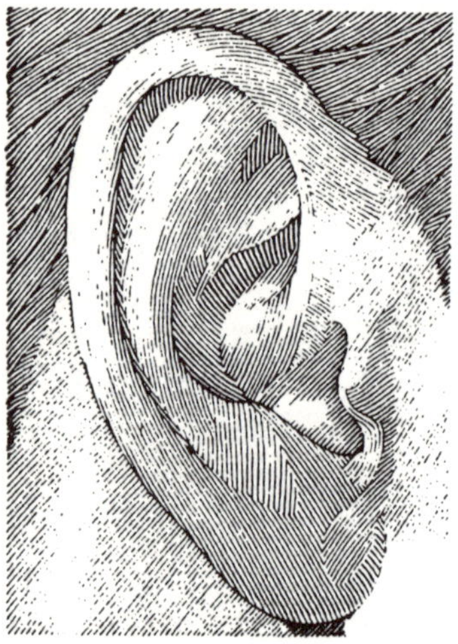

- visuell
- auditiv
- kinästhetisch

6. Ich wünschte, ich wäre diese Person los.

- visuell
- auditiv
- kinästhetisch

7. Sie duftet immer wie eine Rose.

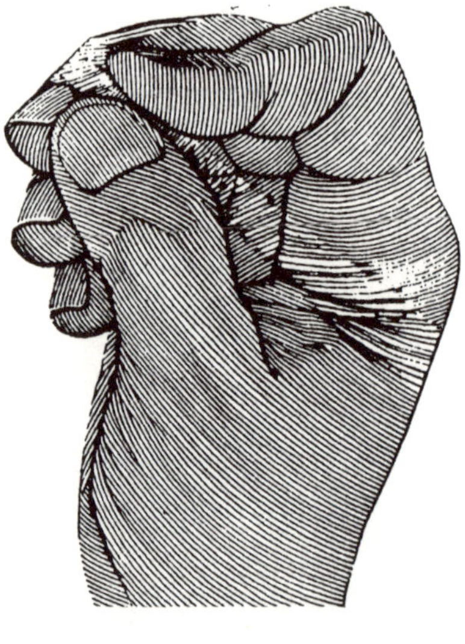

- visuell
- auditiv
- kinästhetisch

8. Dieser Ort war so finster wie die schwärzeste Nacht.

- visuell
- auditiv
- kinästhetisch

Drei wichtige Schlüssel für verbale Kommunikation

Visueller Kanal: Sehen

Ein Gesprächspartner, dessen bevorzugte Art der Informationswahrnehmung das Sehen ist, wird Begriffe verwenden, die sich auf das Sehen oder visuelle Wahrnehmungen beziehen. Ein visueller Typ wird das Fernsehen dem Radio vorziehen, lieber den Wolken zusehen, statt in einem Swimmingpool zu baden, oder von der Zukunft träumen, statt den Rasen zu mähen. Sie können den visuellen Typ leicht erkennen, indem Sie auf die vielen visuellen Wörter in seinem Wortschatz achten.

Ein visueller Mensch würde sagen:

- Ich werde mir Ihren Bericht noch einmal *ansehen.*
- Ich *sehe* schon, das ist nicht das, was wir wollen.
- Ich kann mir kein *klares Bild* von Ihren Ideen machen.

Sie können sich ein *Bild* von der Art der Informationswahrnehmung Ihres Gesprächspartners *machen*, wenn Sie *durchschauen*, welche Schlüsselwörter er benutzt.

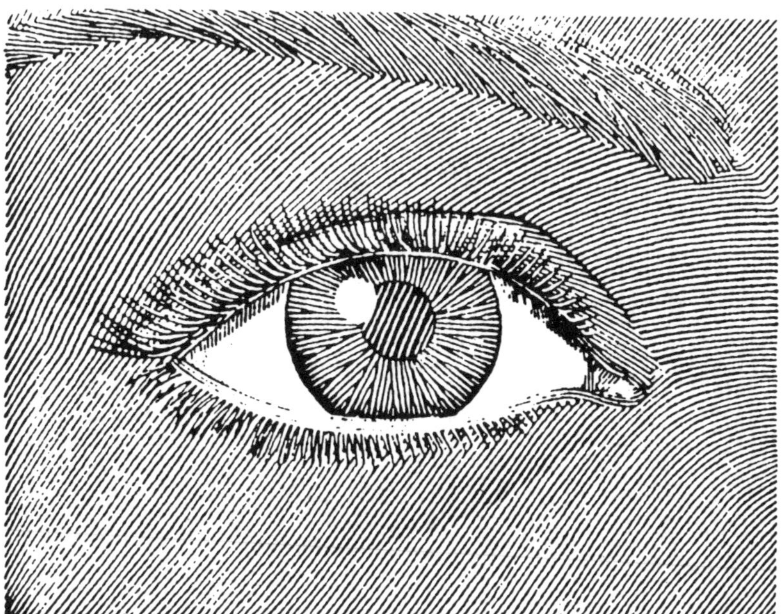

Auditiver Kanal: Hören

Der auditive Typ bevorzugt zur Aufnahme und Verarbeitung von Informationen akustische Medien. Er zieht das Radio dem Fernsehen vor, ein Konzert einem Ballett und wird lieber seiner Stereo-Anlage lauschen als den Rasen mähen.

Auch aus dem Wortschatz des auditiven Menschen können Sie leicht die entsprechenden Schlüsselwörter *heraushören.*

Ein auditiver Mensch würde sagen:

- Ich würde gern *hören*, was Sie zu *sagen* haben.
- Das *hört* sich nicht so an, als wäre es das, was wir wollen.
- Ihre Idee *klingt* gut.

Sie *hören* diesen Typus oft über seine Ideen *sprechen.*

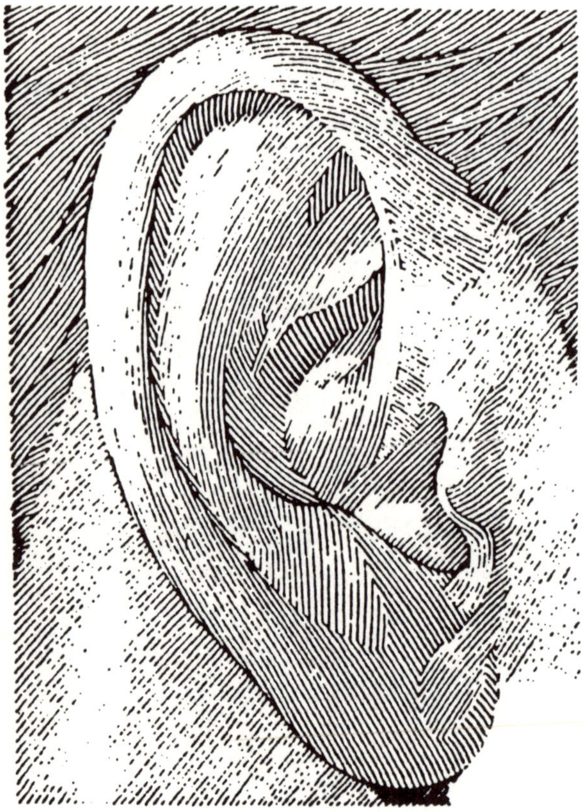

Kinästhetischer Kanal: Berühren/Fühlen

Der kinästhetische Typ hat vor allem seinen Tastsinn und die Gefühlsebene ausgebildet. Er wird lieber schwimmen als fernsehen und selbst tanzen, statt sich ein Ballett anzuschauen. Endlich findet sich auch jemand, dem Rasenmähen und Gartenarbeit Spaß machen.

Auch für den kinästhetischen Typ können Sie schnell ein gutes Gespür entwickeln, wenn Sie auf seine Wortwahl achten.

Ein kinästhetischer Mensch würde sagen:

- Ich habe das *Gefühl*, dieser Bericht ist fundiert.
- Sie scheinen das Problem nicht gut im *Griff* zu haben.
- Wenn Sie die Details *durchboxen* können, nehmen Sie wieder *Kontakt* mit mir auf.

Sie können diesen Typ *handhaben*, indem sie *konkrete, handfeste* Beispiele in Ihre Unterhaltung einbauen.

Anmerkung: Sie sollen also Ihre Art der Kommunikation ändern, um einer anderen zu entsprechen. Diese Änderung wird Ihre eigenen Denkprozesse fördern und Ihnen helfen, Ihren Verstand kontrollierter einzusetzen.

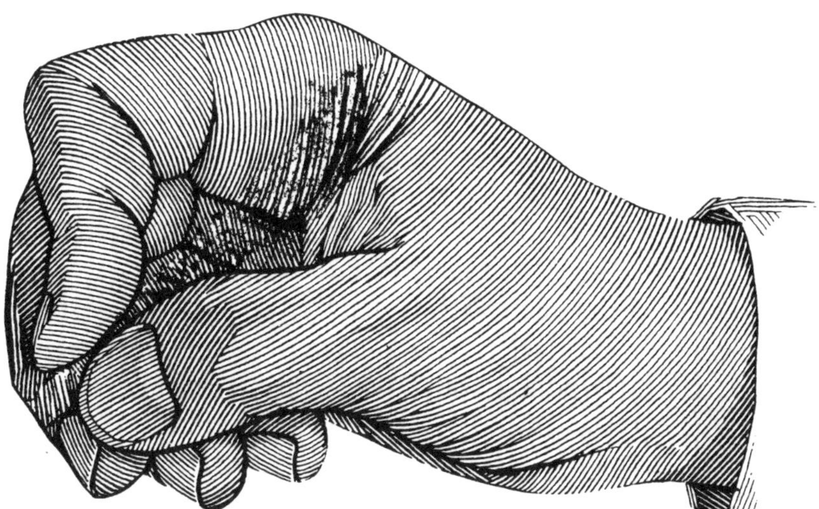

Und jetzt wollen wir einmal sehen, wieviele Wörter Ihnen zu jeder dieser drei Kategorien einfallen.

VISUELL Sehen	AUDITIV Hören	KINÄSTHETISCH Berühren/Fühlen

(Zählen Sie jede der drei Kategorien zusammen)

Wenn Sie die Ergebnisse miteinander vergleichen, können Sie Ihre bevorzugte Art der Informationswahrnehmung feststellen (die Kategorie mit der höchsten Anzahl von Beispielen). Ihr nächster Schritt sollte dann sein, die Anwendung von Wörtern in der Kategorie mit der niedrigsten Anzahl von Beispielen zu üben. Ein guter Gesprächspartner kann sich in jeder Kommunikationsart unterhalten und hat alle drei Kanäle gleich gut ausgebildet.

Erkennen Sie Ihren bevorzugten Wahrnehmungskanal? Wie gesagt, die meisten Menschen haben einen Haupt- und einen Nebenkanal.

Sehr wichtig

Beachten Sie jedoch, daß sich die meisten Menschen unter Streß nur ihres Hauptkanals bedienen. Stellen Sie den Hauptwahrnehmungskanal der Ihnen nahestehenden Personen fest und schreiben Sie ihn hier auf, damit Sie im Ernstfall gut darauf vorbereitet sind und mit ihnen kommunizieren und sie verstehen können.

NAME____________________________________

HAUPTWAHRNEHMUNGSKANAL____________

NEBENKANAL ____________________________

NAME____________________________________

HAUPTWAHRNEHMUNGSKANAL____________

NEBENKANAL____________________________

NAME____________________________________

HAUPTWAHRNEHMUNGSKANAL____________

NEBENKANAL ____________________________

NAME____________________________________

HAUPTWAHRNEHMUNGSKANAL____________

NEBENKANAL ____________________________

NAME____________________________________

HAUPTWAHRNEHMUNGSKANAL____________

NEBENKANAL ____________________________

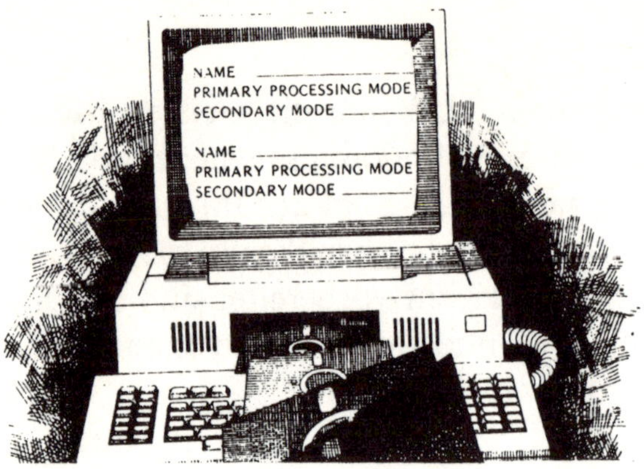

Sehen wir uns ein Gespräch zwischen zwei Leuten an, die Informationen mit Hilfe verschiedener Wahrnehmungskanäle verarbeiten.

John (Verkäufer): »*Schauen* Sie sich doch nur den Preis *an!* Sie werden *sehen*, Sie sparen dadurch sehr viel Geld.«

Judith (Kundin): »Ja, ich habe das *Gefühl*, einige Ihrer Argumente haben *Hand* und *Fuß*. Aber trotzdem scheint mir die Sache noch auf wackeligen Beinen zu *stehen*.«

John (Verkäufer): »Sie sind nur dieser *Ansicht*, weil Sie nicht ganz im *Bilde* sind. Ich weiß, von Ihrem *Blickwinkel* aus sieht das Ganze ein wenig *unklar* aus, aber lassen Sie mich Ihnen *zeigen*, was meine Gesellschaft für Sie tun kann. Richten Sie Ihr *Augenmerk* doch auf die Einsparungen.«

Judith (Kundin): »Aber John, das *Fundament* unserer Gesellschaft *basiert* auf Cash-flow. Ich *glaube*, ich sollte meinen Auftrag noch etwas *zurückhalten*. Wir haben keine Eile. Wenn Ihr Vorschlag *hieb-* und *stichfest* ist, setzen Sie sich wieder in *Verbindung* mit mir.«

JOHN (der Verkäufer) ist:

- visuell
- auditiv
- kinästhetisch

JUDITH (die Kundin) ist:

- visuell
- auditiv
- kinästhetisch

Wird John den Auftrag erhalten?

- Ja
- Nein

Wer von beiden würde von einer verbesserten Gesprächsführung am meisten profitieren?

- John
- Judith
- Beide

Wird John den Auftrag erhalten? Wahrscheinlich nicht.

Es ist beinahe so, als würden diese beiden Verhandlungspartner verschiedene Sprachen sprechen. Gemessen an dem Erfolg ihrer Bemühungen, könnte der eine genausogut chinesisch und der andere russisch sprechen.

Welcher von beiden würde von einer verbesserten Gesprächsführung am meisten profitieren?

Beide.

Die Aufgabe der Kundin besteht darin, das kostengünstigste Produkt zu kaufen. Würde Judith die Sprache des Verkäufers sprechen, hätte sie alle erforderlichen Informationen erhalten und die beste Entscheidung treffen können.

Der Verkäufer verdient sich seinen Lebensunterhalt buchstäblich mit seiner Kommunikationsfähigkeit. Die Beherrschung dieser Techniken könnte für ihn den entscheidenden Unterschied zwischen Erfolg und Mißerfolg bedeuten.

Wie kommunizieren Sie mit Ihren Mitmenschen? Haben Sie je gehört oder selbst gesagt: »Ich verstehe nicht, was Sie meinen.« Nehmen Sie sich die Zeit, die Art der Informationswahrnehmung Ihres Gesprächspartners herauszufinden, und üben Sie sich darin, um Ihre Kommunikationsfähigkeit zu verbessern.

Wie können Sie diese Methoden anwenden?

1. Stellen Sie sich vor, Sie wären ein Immobilienhändler. Oft hört man von Maklern, daß das Haus, das ein Kunde ursprünglich haben will, nicht unbedingt dem entspricht, das er schließlich kauft. Ist der Makler ein optimaler Verhandlungsführer, wird er zuerst herausfinden, wie sein potentieller Käufer Informationen wahrnimmt, bzw. wie er seine Kaufentscheidung trifft. Dann wird der Verkäufer ein Haus wählen, dessen Voraussetzungen den innerlichen Bedürfnissen seines Kunden entsprechen.

Zählen Sie einige der Vorzüge eines Hauses auf, auf die ein Makler hinweisen wird, falls

– sein Kunde ein visueller Typ ist.

A. 1. ______________________
2. ______________________
3. ______________________
4. ______________________

– sein Kunde ein auditiver Typ ist.

B. 1. ______________________
2. ______________________
3. ______________________
4. ______________________

– sein Kunde ein kinästhetischer Typ ist.

C. 1. ______________________
2. ______________________
3. ______________________
4. ______________________

2. Stellen Sie sich vor, Sie haben eine Verabredung. Es ist Ihre erste Verabredung, und Sie möchten einen guten Eindruck machen. Sie wissen, wie die Person, die Sie treffen wollen, Informationen wahrnimmt.

Welcher Ort wird diesem Menschen am besten gefallen, falls

– er ein visueller Typ ist.

D. 1. ______________________
2. ______________________
3. ______________________
4. ______________________

– er ein auditiver Typ ist.

E. 1. ______________________
2. ______________________
3. ______________________
4. ______________________

– er ein kinästhetischer Typ ist.

F. 1. ______________________
2. ______________________
3. ______________________
4. ______________________

3. Stellen Sie sich vor, Ihre Freundin hat Geburtstag, und Sie möchten ihr etwas ganz Besonderes kaufen. Was werden Sie ihr kaufen, falls

– sie ein visueller Typ ist.

G. 1. ______________________
2. ______________________
3. ______________________
4. ______________________

– sie ein auditiver Typ ist.

H. 1. ______________________
2. ______________________
3. ______________________
4. ______________________

– sie ein kinästhetischer Typ ist.

I. 1. ______________________
2. ______________________
3. ______________________
4. ______________________

(Antwortbeispiele finden Sie am Schluß dieses Kapitels.)

Welche anderen Übungsmöglichkeiten für diese Techniken fallen Ihnen ein?

Zusammenfassung

Das Geheimnis erfolgreicher Kommunikation

Phase 1

Sie können die Nachahmung der Körpersprache bis zur Meisterschaft erlernen, indem Sie folgende Signale genau beobachten und kopieren:

A. Körperhaltung
   1. Sitzen oder Stehen
   2. Stellung der Arme, Hände, Beine und Füße
   3. Haltung des Kopfes

B. Gestik
   1. Handbewegungen
   2. Armbewegungen
   3. Kopfbewegungen
   4. Körperbewegungen

C. Atmung
   1. Schnell oder langsam
   2. Im oberen, mittleren oder unteren Brustkorb

D. Stimme
   1. Sprechgeschwindigkeit
      a) schnell oder langsam
   2. Stimmlage
      a) hoch oder tief

E. Manierismen
   1. Blinzeln
   2. Gesichtsausdruck
      a) lächeln – mit offenem oder geschlossenem Mund
      b) Stirnrunzeln, finsterer Blick

Phase 2

Ein einfacher Schritt zu einer besseren Kommunikation ist es, die Sprache Ihres Ansprechpartners zu sprechen.

Sie werden seine Ausdrucksweise erkennen und nachahmen, aber nicht unbedingt versuchen, eincn Jargon oder Kosenamen zu kopieren, sondern nur die Wörter an sich, die Satzstruktur, die Länge und Häufigkeit der einzelnen Wörter.

Phase 3

Finden Sie die bevorzugte Art der Informationswahrnehmung Ihres Ansprechpartners heraus. Sie erkennen sie, indem Sie den höchsten Prozentsatz an Wörtern feststellen, die in eine der folgenden drei Kategorien fallen:

1. visuell
2. auditiv
3. kinästhetisch

Ihr nächster Schritt auf dem Weg zum erfolgreichen Gesprächsführer ist das Nachahmen der speziellen Art der Informationswahrnehmung Ihres Ansprechpartners, die sie dann in Ihre eigene Ausdrucksweise einbauen.

Entdecken Sie, wie Sie selbst Informationen wahrnehmen. Welche erklärenden Redensarten gebrauchen Sie? Testen Sie sich, indem Sie einen alten, von Ihnen geschriebenen Brief zur Hand nehmen. Aber vergessen Sie nicht, daß Sie ganz anders schreiben als sprechen. Trotzdem werden Sie aus diesem Brief Ihre bevorzugte Art der Informationswahrnehmung herauslesen.

Üben Sie, Ihre Sprechweise zu verändern. Je mehr Sie üben, desto leichter wird es Ihnen fallen, diese Techniken im Gespräch anzuwenden.

Gleichzeitig erkennen und kopieren Sie: Körpersprache, Handbewegungen, Atmung, Stimmlage und Sprechgeschwindigkeit, Gesichtsausdruck, Manierismen (etwa Blinzeln) und die vielen anderen Körpersignale Ihres Gesprächspartners.

Die hohe Kunst der Kommunikation und der Überzeugungskraft ist ein Talent, an dem man arbeiten muß.

Phase 4: Beobachtung physischer Merkmale

Ein weiterer interessanter Forschungsbereich der Neuro-Linguistik befaßt sich mit physischen Hinweisen auf die Art der Informationswahrnehmung.

Wenn Sie einem Gesprächspartner eine bestimmte Frage stellen, werden seine Augen automatisch in eine bestimmte Richtung wandern.

Physische Hinweise auf visuelle Wahrnehmung

Wenn Sie zum Beispiel eine Frage stellen, die ihren Gesprächspartner veranlaßt, an eine visuelle Antwort zu denken, werden seine Augen im allgemeinen nach rechts oder links oben wandern.

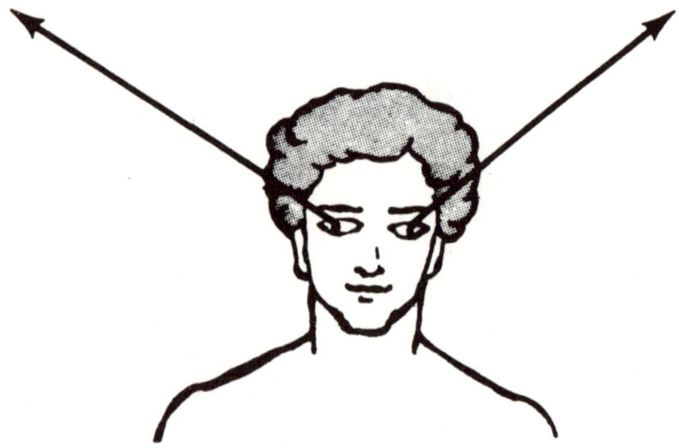

Es gibt natürlich Ausnahmen von jeder Regel. Aber generell kann man sagen, daß Augen, die nach rechts oder links oben wandern, darauf hinweisen, daß ein Gesprächspartner Informationen visuell wahrnimmt. Das bedeutet aber nicht, daß er auch ein visueller Typ sein muß. Auf diese Möglichkeit werden wir später noch zurückkommen.

Es ist sehr wichtig, wie Sie die Frage konstruieren, damit Sie die verbale Wahrnehmungsart eines Gesprächspartners feststellen können. Mit einer Frage, die Hören und Fühlen einbezieht, wird es nicht gehen. Es muß eine Frage sein, die eine visuelle Antwort geradezu heraufbeschwört. Noch interessanter wird die Sache dadurch, daß es zwei Arten von Fragen für visuelle Wahrnehmung gibt. Und wie wir später feststellen werden, treffen diese beiden Fragen auch auf die auditive Informationswahrnehmung zu.

Zwei Arten von Fragen

Es gibt zwei Arten von Fragen, die eine bestimmte Informationswahrnehmung zur Folge haben und sichtbare Hinweise geben, die wir zur Verbesserung unserer Kommunikation einsetzen können.

1. Die Abruffrage – diese Frage ruft Informationen ab, die im menschlichen Gehirn gespeichert sind.
2. Die Konstruktionsfrage – diese Frage macht das Sammeln neuer Informationen erforderlich und setzt Phantasie und Kreativität voraus.

Die Abruffrage

Die Abruffrage benötigt nur bildhafte Vorstellungen. Sie stimuliert den Abruf schon früher gespeicherter Informationen (Erinnerungen). Dies können Bilder, Geräusche oder Gefühle sein. Dabei braucht nichts Neues konstruiert zu werden. Ihr Gesprächspartner verfügt bereits über die erforderliche Information und ruft die Antwort einfach ab.

Wenn man Sie fragen würde: »Wie sieht eine rote Rose aus?«, würden Sie einfach im Gedächtnisspeicher Ihres Gehirns die Erinnerung an eine echte, eine künstliche oder an eine gemalte rote Rose abrufen, die Sie in der Vergangenheit gesehen haben. Dieser Abrufvorgang erfolgt in Sekundenschnelle. Wenn wir uns ein sehr einfaches Modell von einem geteilten Gehirn vorstellen, ordnen wir die Speicherung dieser Informationen hauptsächlich der rechten Gehirnhälfte zu.

Die Konstruktionsfrage erfordert den Einsatz von Phantasie und Vorstellungskraft. Sie stimuliert die Konstruktion neuer Bilder, Geräusche oder Gefühle. Diese Informationen müssen aus bereits gespeicherten Informationsfragmenten zusammengesetzt werden.

Wenn man Sie fragen würde: »Wie sieht eine blaue Rose aus?«, wäre der Verarbeitungsprozeß schon wesentlich komplizierter. Sie würden zuerst in Ihrem Gedächtnis nach einer blauen Rose suchen. Wenn Sie dort nichts finden könnten, würden Sie eine rote Rose abrufen und danach die Farbe blau. Schließlich würden Sie aus der roten eine blaue Rose machen und so das neue Bild einer blauen Rose konstruieren. Nach diesem Verarbeitungsprozeß wäre von nun an das Bild einer blauen Rose in Ihrem Gedächtnis gespeichert. Diese analytische Verarbeitung wird hauptsächlich in Ihrer linken Gehirnhälfte erfolgen.

Anmerkung: Kontrollieren Sie durch zusätzliche Fragen, ob die folgende Information auch stimmt!

Visueller Abruf – Physische Informationen

Wenn Sie eine Frage stellen, die eine visuelle Abrufantwort erfordert, werden Sie beobachten, daß die Augen Ihres Ansprechpartners nach rechts oben wandern.

»Welche Farbe hat Ihr Haus?«

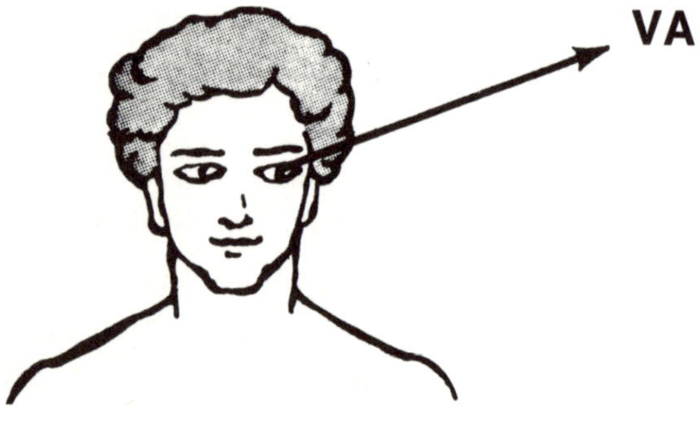

Visuelle Konstruktion – Physische Informationen

Wenn Sie eine Frage stellen, die die Konstruktion einer visuellen Antwort erfordert, werden Sie beobachten, daß die Augen Ihres Ansprechpartners nach links oben wandern.

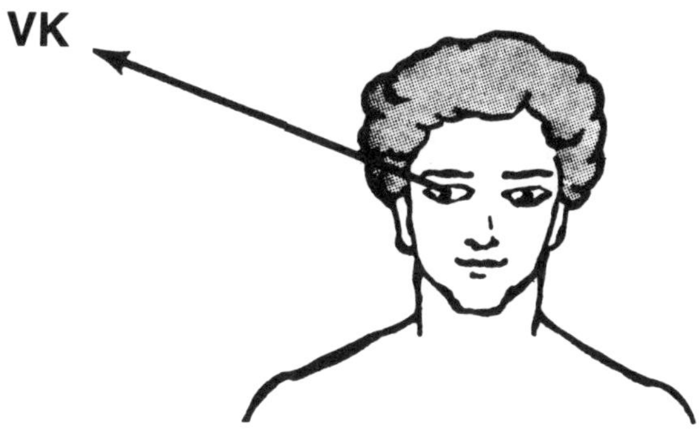

»Wie würde Ihr Haus aussehen, wenn es grün gestrichen wäre mit großen rosa Punkten darauf?«

Weitere physische Hinweise auf visuelle Wahrnehmung

Vage blickende, starre Augen können ebenfalls auf eine visuelle Informationsaufnahme hinweisen. Blicken die Augen nach oben und wandern sie immer wieder von einer Seite zur anderen, bedeutet das oft, daß eine visuelle Konstruktion im Gange ist.

Wenn diese Reaktionen der Augen auch auf die meisten Menschen zutreffen, so gibt es doch viele Ausnahmen. Den größten Erfolg haben Sie, wenn Sie mehrere unterschiedliche Fragen stellen und jeweils die Reaktionen vergleichen. Bei manchen Menschen werden diese Reaktionen genau umgekehrt sein, in seltenen Fällen sogar völlig anders. Natürlich müssen Sie diese Fragen in die Unterhaltung einbauen und ein Thema anschneiden, das sowohl für Sie als auch für Ihren Gesprächspartner interessant ist.

Von nun an gehen wir davon aus, daß unser Modell auf alle Menschen zutrifft. Aber vergessen Sie nicht, im konkreten Fall die Augenbewegungen Ihres Gesprächspartners genau zu kontrollieren.

Physische Hinweise auf auditive Wahrnehmung

Wird eine Wahrnehmung auditiv verarbeitet, wandern die Augen nach rechts oder links in Richtung Ohren, beinahe so, als würde das Gehirn der Information lauschen. Auch hier verhelfen uns die beiden Arten von Fragen zu aufschlußreichen Informationen. Wie man Testfragen konstruiert und Beispiele für Testfragen finden Sie auf den Seiten 56 bis 58.

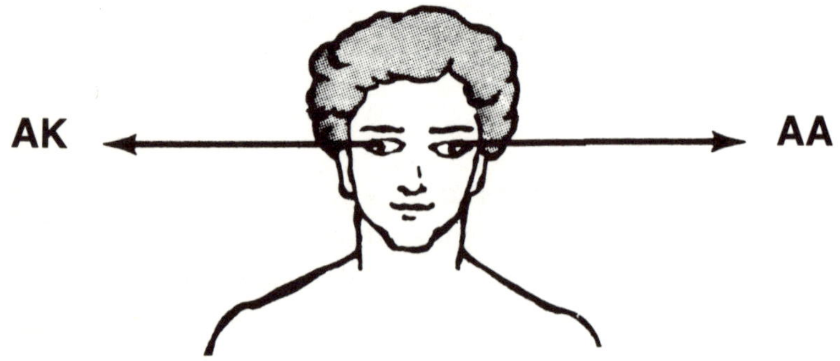

Auditiver Abruf – Physische Informationen

Wenn Sie eine Frage stellen, die eine auditive Abrufantwort erfordert, werden Sie beobachten, daß die Augen Ihres Gesprächspartners nach rechts in Richtung Ohr wandern.

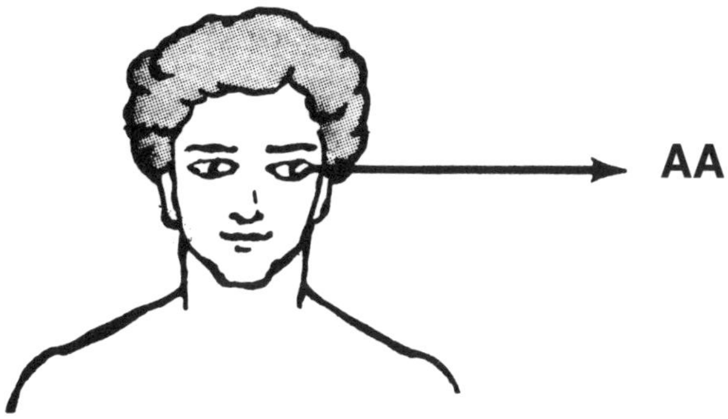

»Wie hört sich eine Polizeisirene an?«

Auditive Konstruktion – Physische Informationen

Wenn Sie eine Frage stellen, die die Konstruktion einer auditiven Antwort erfordert, werden Sie beobachten, daß die Augen Ihres Gesprächspartners nach links in Richtung Ohr wandern.

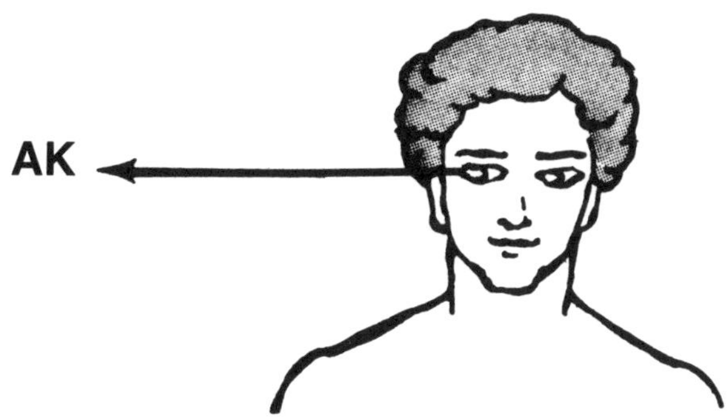

»Wie klingt Flötenspiel, das in das Geschrei eines Babys übergeht?«

Die geistige Klangsphäre ist eine der stärksten Informationsquellen, auch wenn sie am wenigsten zugänglich ist. Sie werden aber später lernen, wie man auditiven Abruf und auditive Konstruktion einsetzt.

Physische Hinweise auf kinästhetische Wahrnehmung

Kinästhetische Hinweise sind völlig anderer Art

Der Grund, warum sich die kinästhetische Wahrnehmung anders darstellt, liegt wahrscheinlich darin, daß es sich hier sowohl um physische als auch um emotionale Empfindungen handelt.

Physische Empfindungen werden auf eine bestimmte Art wahrgenommen, emotionale auf eine andere. Aber auch hier haben Abruf und Konstruktion dieselbe Ausgangsstellung der Augen.

Anmerkungen zur kinästhetischen Wahrnehmung

Unser Modell der kinästhetischen Wahrnehmung weicht etwas vom Standard des Neuro-linguistischen Programmierens ab. Die neuro-linguistische Forschung hat ergeben, daß ein Gesprächspartner, dessen Augen nach links unten blicken, einen inneren Monolog bzw. ein Selbstgespräch führt.

Wir sind bei unseren begrenzten Forschungen zu einem etwas abweichenden Ergebnis gekommen. Im Silva-Master-Mind-Seminar gehen wir davon aus, daß ein Gesprächspartner, dessen Augen nach links unten blicken, emotionale Empfindungen bzw. kinästhetische Emotionen verarbeitet.

Physische Hinweise auf kinästhetische Wahrnehmung emotionaler Art

Wenn Sie eine Frage stellen, die eine emotionale Antwort erfordert, werden Sie beobachten, daß die Augen Ihres Gesprächspartners nach links unten wandern.

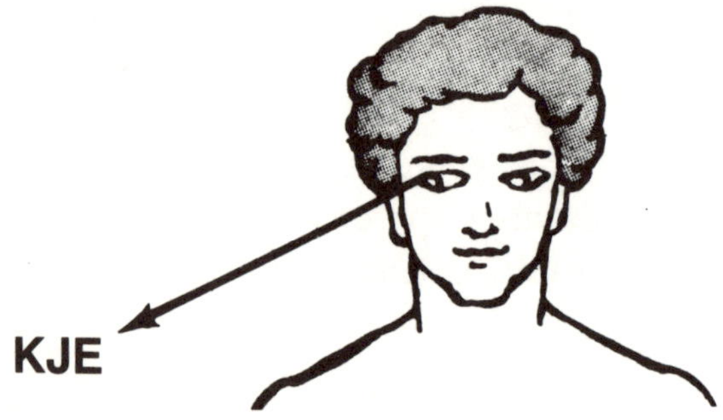

»Was ist das für ein Gefühl, über beide Ohren verliebt zu sein?«

Physische Hinweise auf kinästhetische Wahrnehmung physischer Art

Wenn Sie eine Frage stellen, die eine kinästhetische Antwort physischer Art erfordert, werden Sie beobachten, daß die Augen Ihres Gesprächspartner nach rechts unten wandern.

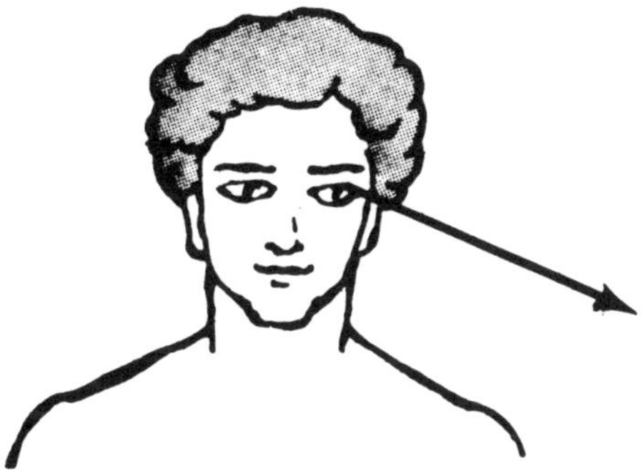

»Wie fühlen Sie sich, wenn Sie sehr müde sind?«

Sie haben sicher bemerkt, daß hier weder von Abruf noch Konstruktion die Rede ist. Beide Verarbeitungsweisen erfolgen in derselben Augenstellung.

Welchen Nutzen haben diese Techniken?

Die Einsatzmöglichkeiten sind praktisch unbegrenzt, denn die Kenntnis der Wahrnehmungskanäle verbessert in jedem Fall die Kommunikationsfähigkeit. Wir haben eigene Klassen für Aufsichts-, Sicherheits- und Strafvollzugsbeamte eingerichtet. Das Beherrschen der Technik, Befragungen, Verhöre und Interviews richtig zu führen, kann für diese Berufsgruppe von unschätzbarem Wert sein.

Sind Lügner linksorientiert?

Viele Strafvollzugs- und Ermittlungsbeamte halten sich an die Meinung, »Lügner sind linksorientiert«. Wenn sie mit einem Zeugen oder Verdächtigen sprechen, beobachten sie dessen Augen. Wandern sic nach rechts, könnte das ein Hinweis darauf sein, daß seine Aussage wahr ist. Wandern seine Augen während einer bestimmten Fragestellung aber nach links, besteht Grund zur Annahme, daß er eine falsche Aussage macht. Diese Überlegung wird selbstverständlich erst nach mehreren Testfragen angestellt, nachdem die spezifische Art der Wahrnehmung eines Zeugen oder Verdächtigen erkannt wurde.

Natürlich sind Augen, die nach links wandern, nicht immer ein Hinweis darauf, daß ein Mensch lügt. Manchmal erinnern wir uns nicht an das ganze Geschehen und füllen die Lücken mit erfundenen Informationen. Oder wir schmücken einen Bericht bzw. eine Aussage mit kleinen Hochstapeleien aus, um sie interessanter zu machen. Also können Augen, die nach links blicken, auch bedeuten, daß jemand beinahe die Wahrheit sagt. Vergessen Sie nicht, nichts ist absolut! Diese Techniken dienen nur dazu, Ihre Kommunikationsfähigkeit zu verbessern.

Wie findet man den Hauptwahrnehmungskanal heraus?

Am verbreitetsten ist die Meinung, daß man den Hauptwahrnehmungskanal eines Gesprächspartners herausfinden kann, indem man sich an der ersten Stellung orientiert, in die seine Augen wandern, wenn man ihm eine neutrale Frage stellt.

Ein Lehrer kann erkennen, wie ein Schüler ein mathematisches Problem verarbeitet, indem er die erste Reaktion seiner Augen beobachtet, nachdem er ihm eine mathematische Frage gestellt hat. Mit Hilfe dieser Wahrnehmung kann der Lehrer den Schüler dabei unterstützen, ein besseres Verständnis für Mathematik zu entwickeln.

Der einzige Weg, diese Methoden schnell und erfolgreich anzuwenden, führt über Ü.E.P.

ÜBEN

EINSTUDIEREN

PROBIEREN

Eine andere Möglichkeit, diese Methoden zu erlernen, gibt es nicht. Setzen Sie in diesem ersten Abschnitt Ihren gesamten Verstand ein. Wenden Sie die Entspannungsmethoden an, die im nächsten Abschnitt erläutert werden, um diese Informationen zu verinnerlichen. Lassen Sie zuerst Ü.E.P. vor Ihrem geistigen Auge erstehen und setzen Sie es dann in die Tat um.

Das Geheimnis erfolgreicher Kommunikation – Zusammenfassung der Lernschritte

Phase 1

Sie können die Nachahmung der Körpersprache bis zur Meisterschaft erlernen, wenn Sie folgendes genau beobachten und imitieren:

A. Körperhaltung
   1. Sitzen oder Stehen
   2. Stellung der Arme, Hände, Beine und Füße
   3. Haltung des Kopfes

B. Gestik
   1. Handbewegungen
   2. Armbewegungen
   3. Kopfbewegungen
   4. Körperbewegungen

C. Atmung
   1. Schnell oder langsam
   2. Im oberen, mittleren oder unteren Brustkorb

D. Stimme
   1. Sprechgeschwindigkeit
   2. Stimmlage

E. Manierismen
   1. Blinzeln
   2. Gesichtsausdruck

Sobald Sie diese Beziehung zu Ihrem Ansprechpartner hergestellt haben, können Sie die Führung übernehmen und seine Stimmung ändern.

Phase 2

Ein einfacher Schritt zu einer besseren Kommunikation ist es, die Sprache Ihres Ansprechpartners zu sprechen.

Sie werden seine Ausdrucksweise erkennen und nachahmen, aber nicht unbedingt versuchen, einen Jargon oder Kosenamen zu kopieren, sondern nur die

Wörter an sich, die Satzstruktur, die Länge und Häufigkeit der Wörter.

Phase 3

Finden Sie die bevorzugte Art der Informationswahrnehmung Ihres Ansprechpartners heraus. Sie erkennen sie, indem Sie den höchsten Prozentsatz an Wörtern feststellen, die in eine der folgenden drei Kategorien fallen:

1. visuell
2. auditiv
3. kinästhetisch

Ihr nächster Schritt zum Erfolg besteht darin, die Art der Informationswahrnehmung Ihres Ansprechpartners zu imitieren und in Ihre eigene Ausdrucksweise einzubauen.

Phase 4

Wenn Sie die Augenbewegungen eines Ansprechpartners beobachten, erhalten Sie wertvolle Hinweise darüber, wie er denkt.

Augen nach oben = visuelle Wahrnehmung
Augen nach links oben = visuelle Konstruktion
Augen nach rechts oben = visueller Abruf

Augen in Richtung Ohr = auditive Wahrnehmung
Augen links in Richtung Ohr = auditive Konstruktion
Augen rechts in Richtung Ohr = auditiver Abruf

Augen nach unten = kinästhetische Wahrnehmung
Augen nach links unten = kinästhetische Wahrnehmung emotionaler Art
Augen nach rechts unten = kinästhetische Wahrnehmung physischer Art

Die oben angeführten Richtungen sind aus der Perspektive des Beobachters zu verstehen.

Sie verfügen jetzt über die Schlüssel, um die verschlossene Tür zur Kommunikation zu öffnen. Benutzen Sie die Schlüssel und öffnen Sie die Tür zu einer besseren, glücklicheren und produktiveren Welt.

Augenbewegungen eines »normal orientierten« Rechtshänders

Visuelle Abruffragen

Zur Kontrolle stellen Sie eine Frage über eine bildhafte Vorstellung, die Ihr Gesprächspartner mit Sicherheit schon gesehen hat.
Beispiele: »Welche Farbe hat das Haar Ihrer Mutter?«
»Wie sieht Ihr Mantel aus?«

Visuelle Konstruktionsfragen

Zur Kontrolle stellen Sie eine Frage über eine bildhafte Vorstellung, die Ihr Gesprächspartner mit Sicherheit noch nicht gesehen hat.
Beispiele: »Wie würde ein gelbes Känguruh mit schwarzen Streifen aussehen?«
»Wie würden Sie aussehen, wenn Sie grünes Haar hätten?«

Augenbewegungen eines »normal orientierten« Rechtshänders

Auditive Abruffragen

Beispiele: »Wie klingt die Hupe Ihres Autos?«
»Wie klingt Ihr Wecker?«

Auditive Konstruktionsfragen

Beispiele: »Wie würde sich die Hupe Ihres Autos, in Mädchengesang übergehend, anhören?«
»Wie würde sich Ihr Name anhören, wenn man ihn von hinten liest?«

Augenbewegungen eines »normal orientierten« Rechtshänders

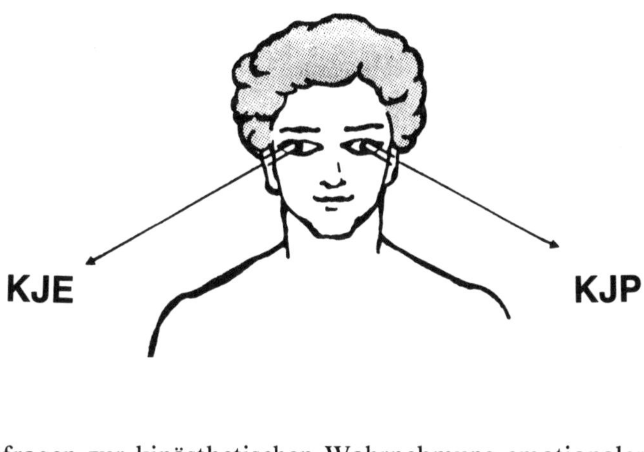

Testfragen zur kinästhetischen Wahrnehmung emotionaler Art

Beispiele: »Wie fühlt man sich, wenn man enttäuscht ist?«
»Wie fühlt man sich, wenn man glücklich ist?«

Testfragen zur kinästhetischen Wahrnehmung physischer Art

Beispiele: »Wie fühlt sich die Rinde eines Baumes an?«
»Was für ein Gefühl haben Sie beim Laufen?«

Augenbewegungen eines »normal orientierten« Rechtshänders

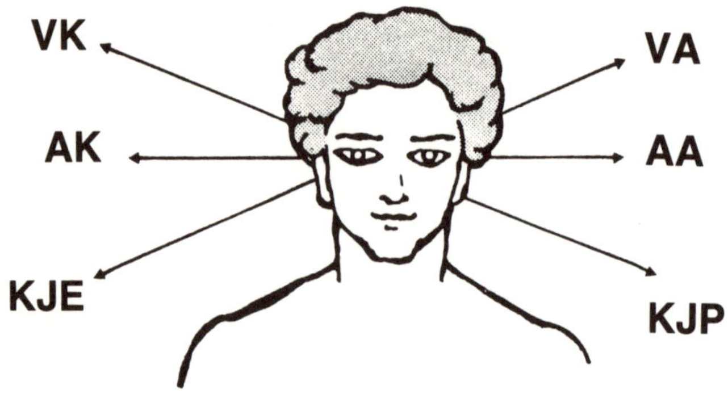

VK = visuell konstruierte Bilder
(Augen nach rechts oben)

VA = visuell abgerufene Bilder
(Augen nach links oben)

(Vage blickende, starre Augen weisen ebenfalls auf visuelle Wahrnehmung hin.)

AK = auditiv konstruierte Bilder
(Augen horizontal und nach rechts)

AA = auditiv abgerufene Bilder
(Augen horizontal und nach links)

KIE = kinästhetische Wahrnehmung emotionaler Art
– Abruf (Augen nach unten rechts)

KIP = kinästhetische Wahrnehmung physischer Art
– Abruf (Augen nach unten links)

Anmerkung: Wenn wir uns von nun an auf Augenbewegungen beziehen, dann immer aus der Sicht des Beobachteten. Augen nach rechts unten bedeutet zum Beispiel rechts aus der Sicht des Beobachteten und weist darauf hin, daß der Gesprächspartner gerade eine kinästhetische Information emotional verarbeitet.

Einige Beispiele für Antworten auf die Fragen von Seite 36 bis Seite 39

1)

A. 1. schöne Aussicht
   2. Geräumigkeit
   3. Farbe
   4. Landschaft

B. 1. klopft die gesunde Mauer ab
   2. ruhige Umgebung
   3. belebte (laute) Umgebung
   4. Vogelgesang

C. 1. offener Kamin
   2. befühlt den Teppich
   3. kalt oder warm
   4. Blumenduft

2)

D. 1. Kino
   2. Theater
   3. Museum
   4. Fernsehen

E. 1. Konzert
   2. Schallplatten hören
   3. Weihnachtsprogramm
   4. Oper

F. 1. Schwimmbad
   2. Spaziergang im Park
   3. Tanzlokal
   4. Restaurant

3)

G. 1. Video-Recorder
   2. Kaleidoskop
   3. Fernseher
   4. Mikroskop

H. 1. Radiogerät/Plattenspieler
   2. gesungenes Glückwunschtelegramm
   3. Schallplatten/Musikcassetten
   4. Spieluhr

I. 1. Sportartikel
   2. Pelzmantel
   3. Seide oder Satin
   4. Heizgerät

Kapitel 2
Abbau von Streßsymptomen: Die meditative Entspannung

Abbau von Streßsymptomen: Die meditative Entspannung

Streß kann Erfolg verhindern. Der bekannte Streßexperte Dr. Hans Selye ist der Auffassung, daß wir immer Streß haben werden, da er ihn gleichsetzt mit Problemen. »Streß hält uns jung und vital, vorausgesetzt, wir verfügen über Techniken, die uns helfen, mit seinen Auswirkungen fertig zu werden«, sagt Dr. Selye.

Schon in seinen ersten Forschungsjahren entdeckte Dr. José Silva, Begründer der »Silva Method of Mind Development«, daß seine Methoden zur Steigerung der Leistungsfähigkeit des menschlichen Geistes bei der Streßbekämpfung sehr wirksam sind. Dr. Silva machte einige interessante Entdeckungen über Streß. Wenn wir uns über die Ursachen klar werden, die zu Streß führen, können wir lernen, wann wir unsere Entspannungshilfen einsetzen müssen, um die Auswirkungen von Streß und Müdigkeit zu verringern.

Die wichtigsten Ursachen von Streß

1. Schuldbewußtsein

Beispiele: Etwas, von dem man innerlich weiß, daß es falsch ist. Zum Beispiel das Rauchen, obwohl man weiß, daß es der Gesundheit schadet. Jede Unaufrichtigkeit, angefangen beim Klauen einer Büroklammer oder Briefmarke aus dem Büro bis zur Einkommensteuerhinterziehung.

2. Schwerer Verlust

Beispiele: Unwiederbringlicher Verlust, wie der Verlust eines geliebten Menschen, ein Bankrott, ein nicht versicherter Überschwemmungsschaden oder eine Gefängnisstrafe.

3. Verhaßte Arbeit oder Umgebung

Anmerkung: »Wenn Sie Ihre Arbeit hassen, erzeugt dieser Haß in Ihrem Körper zerstörerische Gifte, und Sie werden sehr schnell ermüden. Sie müssen lieben, was Sie tun müssen. Tun Sie es nicht nur gutgelaunt, sondern mit Liebe und so gut wie irgend möglich. Diese Liebe zu der Arbeit, die Sie ohnedies tun müssen, vitalisiert Ihren Körper und hält die Müdigkeit ab.« Walter Russell in »The Man Who Tapped the Secrets of the Universe« von Glenn Clark.

Warnende Vorzeichen

Erste Warnungen oder physische Anzeichen für zu großen Streß

Schlaflosigkeit
Kopfschmerzen
Herzklopfen
Kreuzschmerzen
Magengeschwüre
Krämpfe
Verstopfung

Sie führen zu:

Arthritis
grünem Star
multipler Sklerose
Schlaganfall
Krebs
Leukämie

Erste Warnungen oder psychische Anzeichen für zu großen Streß

Konzentrationsmangel
schlechtes Gedächtnis
Beklemmungen
undefinierbare Angst
Tränenausbrüche
Wutanfälle
übertriebene Sorge

Sie führen zu:

mangelndem Selbstvertrauen
physischen Krankheiten
psychischem Zusammenbruch

Der Streß während der Anpassung an eine veränderte Situation

Die Skala der Streßerzeugung

Dr. Thomas H. Holmes und Dr. Richard H. Rahe, Psychiater an der medizinischen Fakultät der Universität Washington, haben eine Skala streßerzeugender Ereignisse aufgestellt.

Es folgt eine auf den neuesten Stand gebrachte Version der Streßskala von Holmes und Rahe.

Ereignis	*Streßerzeugung*
Tod des Ehegatten	100
Scheidung	73
Trennung von Ehegatten	65
Gefängnisstrafe	63
Tod eines engen Familienmitglieds	63
Unfall oder Krankheit	53
Heirat	50
fristlose Entlassung	47
Versöhnung mit Ehegatten	45
Pensionierung	45

Ereignis	*Streßerzeugung*
Erkrankung eines Familienmitglieds	44
Schwangerschaft	40
Sexuelle Schwierigkeiten	39
Familienzuwachs	39
geschäftliche Veränderung	39
Veränderung der finanziellen Situation	38
Tod eines engen Freundes	37
Umschulung	36
Änderung der Streitfrequenz mit Ehegatten	35
Hypothek oder Kredit über $ 40.000,–	31
Zwangsvollstreckung oder Lohnpfändung	30
Änderung des beruflichen Verantwortungsbereichs	29
Sohn oder Tochter verlassen das elterliche Heim	29
Probleme mit angeheirateten Verwandten	29
hervorragende persönliche Leistung	28
Ehegatte beginnt oder beendet Arbeit	26
Anfang oder Beendigung einer Schule	26
Änderung der Lebensbedingungen	25
Korrektur von Gewohnheiten	24
Probleme mit Vorgesetzten	23
Änderung der Arbeitszeit oder -bedingungen	20
Wohnungswechsel	20
Schulwechsel	20
Änderung der Freizeitgewohnheiten	19
Änderung der religiösen Aktivitäten	19
Änderung der sozialen Aktivitäten	18
Hypothek oder Kredit unter $ 40.000,–	17
Änderung der Schlafgewohnheiten	16
Änderung der Anzahl der Familienzusammenkünfte	15
Änderung der Eßgewohnheiten	15
Urlaub	13
Weihnachten	12
geringfügige Gesetzesüberschreitungen	11

Wenn Ihre Punktezahl innerhalb eines Jahres über 150 liegt, sind Sie großem Streß ausgesetzt, der manchmal mit physischen oder psychischen Krankheiten einhergeht.

Der Umgang mit Streß

Das folgende Vier-Schritte-Programm kann sehr dabei helfen, die im Körper angesammelten Streßenzyme abzubauen bzw. aufzulösen.

1. Vitamine

Die Streßforschung hat ergeben, daß Streß den Vitamin-B-Komplex im Körper sehr schnell verbrennt. Um wirkungsvoll dagegen anzugehen, sollten Sie unterstützende Vitamine und Mineralstoffe immer in einem ausgewogenen Verhältnis zu sich nehmen. Viele Ärzte empfehlen deshalb die tägliche Einnahme eines guten, zuverlässigen Multi-Vitamin-Präparates.

2. Bewegung

Körperliche Bewegung ist sehr wichtig, um die im Muskelgewebe des Körpers angesammelten Streßenzyme aktiv abzubauen. Gehen Sie schwimmen oder machen Sie einfach nur fünfzehn Minuten Gymnastik ungestört zu Hause. Auch ein Spaziergang um den Häuserblock kann ein guter Einstieg in ein Bewegungsprogramm sein. Aber konsultieren Sie immer Ihren Hausarzt, bevor Sie mit einem Bewegungsprogramm beginnen.

3. Entspannung

Sehr empfehlenswert für den Abbau von Streßenzymen im Körper ist ferner psychische und physische Entspannung. Wenn Sie zum Beispiel in Alpha, das heißt auf die meditative Bewußtseinsstufe gehen, werden Sie sich sowohl psychisch als auch physisch bestens entspannen. Andere Entspannungsmöglichkeiten: am Strand liegen und den Wellen zusehen; entspannender Musik lauschen, insbesondere New-Age-Musik; die Wolken beobachten; einem angenehmen Tagtraum nachhängen oder sich die Silva-Master-Mind-Entspannungscassette anhören.

4. Familie und Freunde

Ein positiver Freundeskreis gibt Rückhalt und wirkt sich sehr günstig aus, wenn man sein Leben ins Lot bringen will. Gliedern Sie sich in das soziale Netz am Arbeitsplatz ein, pflegen Sie Kontakte mit Ihren Nachbarn und nehmen Sie an Familientreffen teil.

Medizinische Forschungen haben ergeben, daß Streß zum Zusammenbruch des Immunsystems führen kann, was physische Erkrankungen zur Folge hat. Die einfachste Art, Streß abzubauen, ist zweifellos Entspannung.

Wohin Sie auch sehen, Sie werden feststellen, daß sich gestreßte Menschen bemühen, ihren Streß abzubauen. In dem verzweifelten Versuch, sich zu entspannen, greifen viele zu Drogen und Alkohol. Aber diese Art der Entspannung ist bestenfalls vorübergehend und ihre psychischen und physischen Begleiterscheinungen können verheerende Folgen haben.

Über die offensichtlichen Nebenwirkungen hinaus, schwächen Drogen und Alkohol das natürliche Abwehrsystem des Körpers. Dann kommt zu der langen Liste der Streßfaktoren in Ihrem Leben noch Krankheit hinzu. Mit Hilfe der folgenden Übungen können Sie diesen Teufelskreis durchbrechen.

Die Übung zur Entspannung und zum Abbau von Streß ist ein geistiges Training, das Ihnen helfen soll, tiefe Entspannungsebenen von Geist und Körper zu erreichen. Die regelmäßige Durchführung der Übungen hilft wirksam beim Abbau von Streß und fördert Ihre Gesundheit.

Am Ende dieses Abschnitts finden Sie eine ausführliche Beschreibung dieser Technik. Sie können sie problemlos auf Cassette sprechen und dann immer wieder abspielen, um sich selbst in die gesunden Entspannungsebenen zu versetzen. Es ist eine vereinfachte Version der berühmten Silva-Entspannungsmethode. Bereits besprochene Cassetten können Sie bei Dr. Tag Powell, Top of the Mountain Publishing, 11 701 Belcher Road S., Suite 123, Largo, Florida 34643, beziehen.

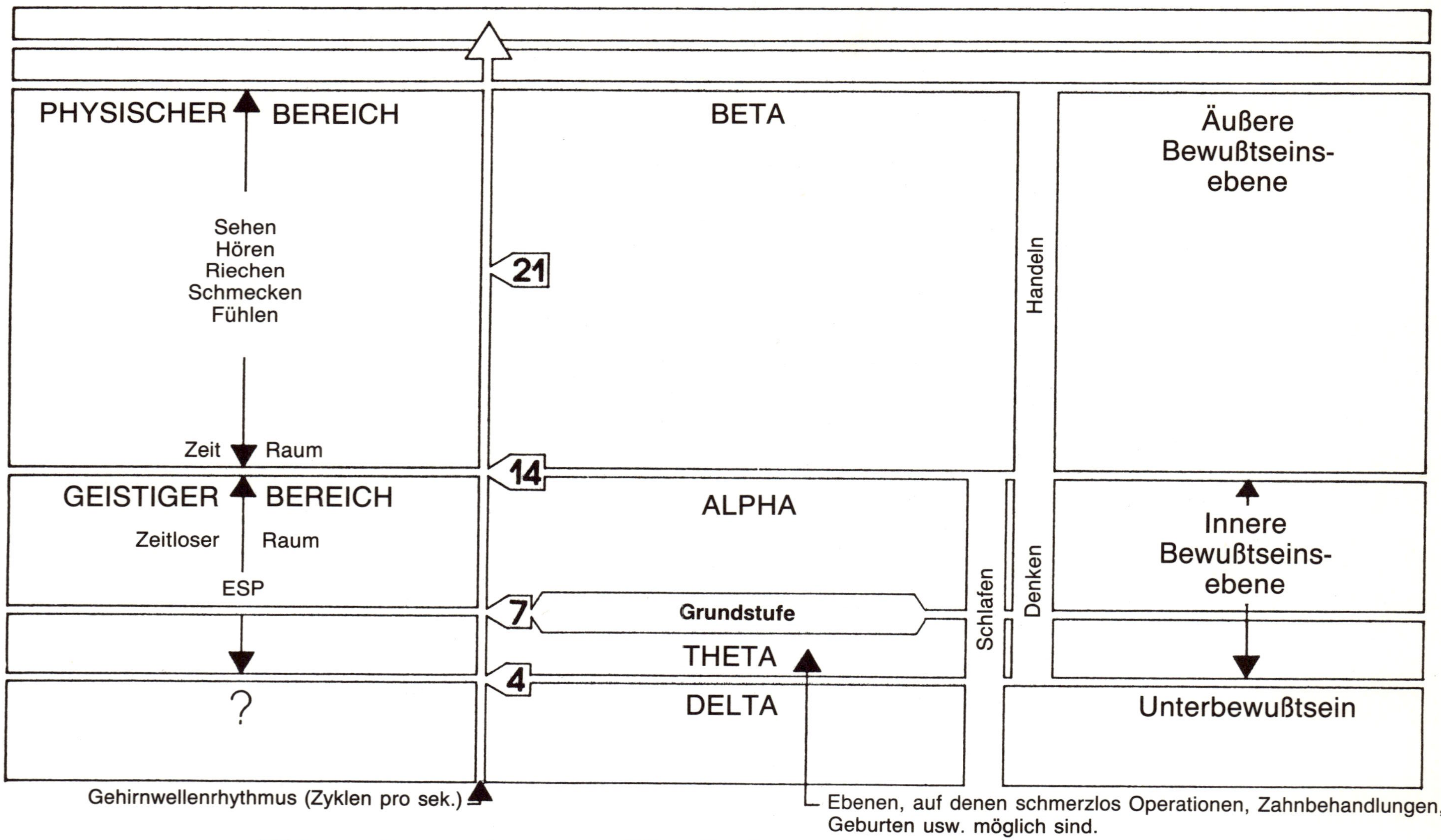

Skala der Gehirnevolution

Meditative Entspannung im Bereich der Alpha-Wellen

Wenn Sie Ihren Körper und Ihren Geist tief entspannen, hat das viele wohltuende und heilsame Nebenwirkungen, denn auf dieser entspannten Bewußtseinsebene erzeugt das Gehirn Alpha-Wellen. Die meiste Zeit des Tages aber befinden Sie sich im Wachzustand im Bereich der Beta-Wellen, das heißt, in einem Wellenrhythmus des Gehirns von etwa zwanzig Zyklen pro Sekunde. Dieser Wert ist der schwächste aller Wellenformen des Gehirns.

Wenn Sie Körper und Geist zur Ruhe kommen lassen, steigern Sie die Produktion des Alphas, einem Gehirnwellenrhythmus zwischen acht und vierzehn Zyklen pro Sekunde. Frau Dr. Barbara Brown weist in ihren Büchern »New Mind, New Body« und »Super Mind« immer wieder darauf hin, daß die Heilungsprozesse im Körper durch die Einbeziehung des Alpha-Wellen-Bereichs stark gefördert werden.

Der Alpha-Wellen-Rhythmus ist nicht nur die stärkste aller Gehirnfrequenzen, diese Bewußtseinsebene ist auch die effektivste, um Ihr »inneres Bewußtsein« zu programmieren. Entscheidende und anhaltende Veränderungen können mit der Grundübung des Silva-Master-Mind-Trainings mühelos und schnell erzielt werden.

Augenblickliche Streß- und Entspannungskontrolle

Nachdem Sie Ihre erste Entspannungsübung zum Abbau von Streß mindestens siebenmal durchgeführt haben, können Sie das wohltuende und heilsame Entspannungsgefühl von Geist und Körper mit den folgenden Techniken in Sekundenschnelle abrufen.

Die »Daumennageltechnik« und die »Daumenstreichtechnik« werden Ihnen helfen, Streß und Druck in ein entspanntes, zuversichtliches Gefühl des Wohlbefindens zu verwandeln. (Das Wie und Warum der Auslösemechanismen erfahren Sie im Kapitel 5.)

Augenblickliche Entspannungstechnik

»Die Daumennageltechnik«

Wann immer Sie sich angespannt und müde fühlen, kann die »Daumennageltechnik« in Sekundenschnelle ein erfrischendes und angenehmes Entspannungsgefühl in Ihrem Körper und Ihrem Geist auslösen.

Die Entspannung liegt in Ihren Fingerspitzen.

Um diese wirksame mentale Programmierung durchzuführen, gehen Sie mit Hilfe der ersten Entspannungsübung »auf die Grundstufe«, das heißt, auf Ihre entspannte Bewußtseinsebene. Sobald Sie auf der Grundstufe sind, drücken Sie mit Ihrem Zeigefinger sanft auf Ihren Daumennagel und stellen sich dabei vor, wie Sie sich entspannen. Gleichzeitig führen Sie folgenden inneren Monolog:

»Jedesmal, wenn ich mit meinem Zeigefinger leicht auf meinen Daumennagel drücke, werde ich meinen Geist und meinen Körper in kürzester Zeit in einen angenehmen Entspannungszustand versetzen.«

Jetzt verringern Sie den Druck allmählich und stellen sich vor, daß sich Ihr Körper noch mehr entspannt.

Wiederholen Sie diesen letzten Vorgang dreimal, um den Auslösemechanismus noch zu verstärken. Dann zählen Sie von eins bis fünf und öffnen die Augen.

Wenn Sie die Daumennageltechnik öfters anwenden, werden Sie von Mal zu Mal in tiefere Entspannungsstadien gelangen. Sie können diese Methode jederzeit anwenden, um sich vollkommen zu entspannen, sogar mit offenen Augen. Die positiven Auswirkungen verstärken sich durch regelmäßige Übung. (Zur künftigen ständigen Anwendung siehe »Drei-Finger-Technik«)

Augenblickliche Streßkontrolle

»Die Daumenstreichtechnik«

Sobald Sie erste Anzeichen von Streß spüren, wenden Sie sofort die »Daumenstreichtechnik« an, um diesen Streß wieder abzubauen. Bringen Sie den Auslösemechanismus in derselben Weise in Gang wie bei der »Daumennageltechnik«.

Sobald Sie auf der Grundstufe sind, streichen Sie langsam vom Daumenansatz zur Daumenspitze hinauf und sprechen sich gleichzeitig innerlich vor:

»Jedesmal, wenn ich mit meinem Zeigefinger meinen Daumen entlangstreiche, stelle ich mir vor, wie der Streß von mir weicht, und ich fühle mich meiner momentanen Situation besser gewachsen.«

Verstärken Sie diesen Vorgang dreimal und kommen Sie dann wieder aus der Grundstufe heraus.

Von nun an benutzen Sie diesen Auslöser in Ihren Fingerspitzen, wann immer Sie ihn brauchen.

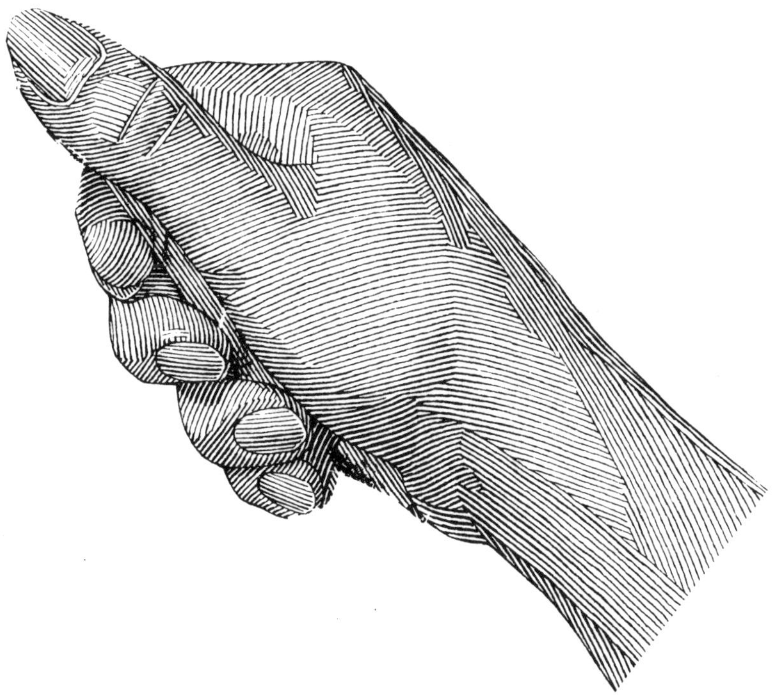

Wie schnell können Sie mit Erfolgen rechnen?

Wenn Sie diese Methoden üben, sind Sie auf dem besten Weg, Ihren Streß abzubauen, und können das angenehme und heilsame Gefühl totaler Entspannung ohne Drogenkonsum erleben. Sie werden eine positive Veränderung Ihres Gesundheitszustands und Ihrer Einstellung zum Leben feststellen. Wie lange es dauern wird, bis Sie Erfolge spüren bzw. sehen? Viele Menschen haben schon nach der ersten Anwendung Erfolg, andere stellen erst nach mehreren Entspannungsübungen eine Besserung fest.

Wie oft sollte man üben?

Was die Häufigkeit des Übens betrifft, ist José Silva der Meinung: »Einmal ist gut, zweimal ist besser und dreimal am besten!«

Nachfolgend finden Sie einen ausschließlich zu Ihrem persönlichen Gebrauch bestimmten Nachdruck unserer kompletten Grundübung zur Entspannung und zum Streßabbau. Bitte vergessen Sie nicht, daß der gesamte Inhalt dieses Buches außer zu Ihrem persönlichen Gebrauch ohne die schriftliche Genehmigung des Copyright-Inhabers weder aufgezeichnet noch in irgendeiner Form nachgedruckt werden darf.

Erste Entspannungsübung

Gehen Sie auf die Grundstufe mit der »Drei-Zwei-Eins-Methode«. Machen Sie es sich bequem, schließen Sie die Augen und atmen Sie tief ein.

Atmen Sie noch einmal tief ein und während Sie ausatmen, wiederholen und visualisieren Sie im Geist dreimal die Zahl drei.

Drei (Pause), drei (Pause), drei (Pause).

Atmen Sie noch einmal tief ein und während Sie ausatmen, wiederholen und visualisieren Sie im Geist dreimal die Zahl zwei.

Zwei (Pause), zwei (Pause), zwei (Pause).

Atmen Sie noch einmal tief ein und während Sie ausatmen, wiederholen und visualisieren Sie im Geist dreimal die Zahl eins:

Eins (Pause), eins (Pause), eins (Pause).

Sie befinden sich jetzt auf der ersten Stufe – der Grundstufe.

Sie sollen lernen, diese Bewußtseinsebene für sich zu nutzen, so daß Sie allen Aspekten Ihres Privat- und Geschäftslebens besser gewachsen sind.

Damit Sie diese tiefere, gesündere und entspanntere Bewußtseinsebene noch leichter erreichen, werde ich jetzt von zehn bis eins zählen und Ihnen bei jeder Zahl einige Anweisungen geben.

Und Sie werden sich bei jeder Zahl immer mehr sinken lassen, sich immer besser entspannen und schließlich auf diese tiefere, gesündere, körperlich und geistig entspannte Bewußtseinsebene gelangen.

Damit sich auch Ihr Geist völlig entspannt, nehmen wir ein blauweißes Licht zu Hilfe, visualisieren es und stellen uns vor, wie es langsam unseren Körper entlanggleitet und uns physisch und psychisch entspannt.

10 . . . Stellen Sie sich das blauweiße Licht vor, wie es in Ihren Kopf eindringt, Ihren Scheitel und Ihre Stirn entspannt. Fühlen Sie, wie das blauweiße Licht den Streß in Ihrem Innern abbaut und löst, bis nur ein waches, aber dennoch entspanntes Gefühl übrigbleibt.

9 . . . Stellen Sie sich vor, wie das blauweiße Licht langsam abwärtsgleitet und in Ihre Augen eindringt . . . Ihre Augen entspannt . . . Spüren Sie, wie entspannt sie sind . . . Und jetzt gleitet das blauweiße Licht wieder etwas weiter nach unten . . . und entspannt Ihr ganzes Gesicht . . . gleitet tiefer und tiefer . . . Öffnen Sie leicht die Lippen . . . entspannen Sie sich . . . Atmen Sie tief ein und langsam wieder aus. Während Sie ausatmen, entspannen Sie sich noch etwas mehr.

8 . . . Spüren Sie, wie das blauweiße Licht nach hinten zu Ihrem Nacken wandert und Ihre Nacken- und Schultermuskeln entspannt . . . Vielleicht stellen Sie sich Hände vor, die Ihre Nacken- und Schulterpartien sanft massieren . . . Spüren Sie, wie sich Ihre Nacken- und Schultermuskeln entspannen . . . Spüren Sie, wie Sie sich immer tiefer sinken lassen . . .

7 . . . Stellen Sie sich vor, wie das blauweiße Licht in Ihre Arme hinunterwandert, wie es sie entspannt . . . und sich weiter abwärts in Ihre Ellbogen begibt . . . entspannt, lindert, heilt . . . Das weißblaue Licht bewegt sich weiter nach unten in Ihre Unterarme hinein . . . Spüren Sie, wie Ihre Arme und Hände schwer auf Ihren Knien ruhen . . . wie sie sich entspannen . . . Entspannen Sie Ihre Hände . . . Spüren Sie das Prickeln in Ihren Fingern . . . entspannen Sie sich . . . Spüren Sie, wie die Anspannung Ihren Körper über die Fingerspitzen verläßt . . . Entspannen Sie sich . . .

6 . . . tiefer und tiefer . . . Stellen Sie sich vor, wie das blauweiße Licht jetzt wieder in Ihre Nacken- und Schulterpartien eindringt . . . und diese Bereiche vollkommen entspannt. Stellen Sie sich wieder vor, daß Hände sanft Ihren Nacken und Ihre Schultern massie-

ren . . . Spüren Sie, wie das blauweiße Licht in Ihren Brustkorb hinunterwandert . . . und alle Organe in diesem Bereich entspannt . . .

5 . . . Das Licht gleitet jetzt in Ihre Magen- und Bauchgegend hinunter . . . entspannt, lindert, heilt . . .

4 . . . Das entspannende Licht wandert weiter abwärts in Ihre Geschlechtsorgane . . . Entspannen Sie . . . Dann gleitet es tiefer in den Hüftbereich . . . Spüren Sie, wie die Entspannung weiter nach unten fließt . . . immer weiter . . .

3 . . . Dieses entspannende Gefühl wandert weiter abwärts in Ihre Oberschenkel . . . Entspannen Sie Ihre Oberschenkel . . . tiefer, immer tiefer, bis zu einem Zustand vollkommener Entspannung . . . Das blauweiße Licht fließt weiter nach unten . . . weiter und weiter . . . Es entspannt Ihre Knie . . . Entspannen Sie Ihre Knie . . .

2 . . . tiefer und tiefer, bis Sie vollkommen entspannt sind. Spüren Sie, wie das blauweiße Licht weiter abwärtsfließt . . . immer weiter bis zu Ihren Fußgelenken. Spüren Sie, wie es Ihre Fußgelenke entspannt . . . Ihre Füße, Ihre Zehen . . . Stellen Sie sich das Prickeln in Ihren Füßen vor, während Sie entspannen . . .

1 . . . Sie sind jetzt vollkommen entspannt. Wenn Sie von nun an auf die Grundstufe gehen, also auf Ihre physisch und psychisch entspannte Bewußtseinsebene, werden Sie jedesmal tiefer, schneller und müheloser dahin gelangen.

Um Ihnen zu helfen, eine tiefere, gesündere, entspanntere Bewußtseinsebene zu erreichen, werde ich jetzt von eins bis drei zählen und mit meinen Fingern schnippen. In diesem Augenblick werden Sie sich mit Hilfe Ihrer Phantasie an einen Ort versetzen, an dem Sie schon einmal entspannt gewesen sind. Denken Sie an eine angenehme, entspannte Umgebung. Stellen Sie sich vor, Sie wären dort . . . Sehen Sie, was es dort zu sehen gibt . . . Hören Sie, was es dort zu hören gibt . . . Berühren Sie, was Sie berühren möchten . . . Riechen Sie die Gerüche um sich herum . . .

Schmecken Sie, was es dort zu schmecken gibt . . . und spüren Sie, was Sie zum Spüren einlädt . . .

Eins . . . (Pause)

Zwei . . . (Pause)

Bei drei versetzen Sie sich an Ihren Entspannungsort. Wenn Sie meine Stimme dann wieder hören, werden Sie eine lange Weile auf dieser Bewußtseinsebene verbracht haben. Meine Stimme wird Sie nicht erschrecken. Sie werden tief einatmen und sich noch weiter absinken lassen.

(Dreißig Sekunden Pause)

Entspannen Sie sich . . . Atmen Sie tief ein und lassen Sie sich noch tiefer fallen.

(Pause)

(Und nun führen Sie die gewünschte Programmierung durch.)

Programmierungsbeispiel: Wir werden jetzt einen positiven Auslösemechanismus programmieren, die »Daumennageltechnik«.

Wenn Sie sich in Sekundenschnelle entspannen möchten, können Sie die Daumennageltechnik anwenden. Sagen Sie sich innerlich: »Jedesmal, wenn ich mit meinem Zeigefinger leicht auf meinen Daumennagel drücke, werde ich meinen Geist und meinen Körper in kürzester Zeit in einen angenehmen Entspannungszustand versetzen.« Dann drücken Sie Ihren Zeigefinger auf Ihren Daumen und stellen sich vor, wie Sie sich entspannen. Jetzt verringern Sie den Druck allmählich und stellen sich vor, wie sich Ihr Körper noch tiefer entspannt . . . Spüren Sie, wie entspannt Sie sind.

Jedesmal, wenn Sie von nun an die Daumennageltechnik anwenden, werden Sie schneller und müheloser in einen immer tieferen und angenehmeren Entspannungszustand gelangen. Sie können diese Technik jederzeit anwenden, um sich vollkommen zu entspannen, und das sogar mit offenen Augen und während Sie arbeiten.

Und nun werden wir einen zweiten positiven Auslösemechanismus programmieren, die »Daumenstreichtechnik«.

»Jedesmal, wenn ich mit meinem Zeigefinger meinen Daumen entlangstreiche – langsam vom Daumenansatz bis zur Daumenspitze –, stelle ich mir vor, wie der Streß von mir weicht, und ich fühle mich meiner momentanen Situation besser gewachsen.«

(Ende der Programmierungsbeispiele)

Gleich werde ich von eins bis fünf zählen. Bei fünf öffnen Sie die Augen und werden hellwach sein, voller Energie, total entspannt und werden sich viel besser fühlen als zuvor.

Eins . . . zwei . . . kommen Sie langsam aus der Entspannung wieder heraus . . . drei . . . Bei fünf öffnen Sie die Augen, sind hellwach, fühlen sich selbstbewußt und sicher . . . Sie werden keine negativen Auswirkungen auf Ihr Gehör, Ihr Seh- bzw. Wahrnehmungsvermögen haben – kein Kopfweh! Ihre Sinnesorgane werden durch dieses Absinken in tiefere Bewußtseinsebenen von Mal zu Mal besser werden . . . Vier . . . fünf . . . (Schnippen Sie mit den Fingern) Ihre Augen sind geöffnet, Sie sind hellwach . . . und fühlen sich gut und gesund . . . selbstbewußt und Ihrer Fähigkeiten sicher.

Kapitel 3
Die geistige Aufnahmebereitschaft: Möglichkeiten der Informationsverarbeitung

Die geistige Aufnahmebereitschaft: Möglichkeiten der Informationsverarbeitung

Die Gehirnforschung entwickelt sich außerordentlich rasch.

1981 erhielt Dr. Roger Sperry den Nobelpreis für seine Arbeit am »geteilten Hirn«. Seine Theorie revolutionierte die herkömmlichen Ansichten und leitete eine Welle neuer Forschungsansätze über die analytische Dominanz der linken Hirnhälfte ein. Als sich die Kontroverse um die beiden Gehirnhälften allmählich legte, waren mehrere neue Theorien entstanden – ein neues Modell für das Verständnis des Gehirns.

Wir werden kurz auf einige interessante Forschungsergebnisse Dr. Carl Pribrams von der Stanford Universität eingehen, der ein Wegbereiter der Gehirnforschung im Hinblick auf geistige Prozesse war.

Und danach werden wir uns im Abschnitt »Situationsgerechtes Verhalten durch zielgerichtete Verhaltensänderungen« die Forschungsarbeiten Dr. Gordon Bowers, ebenfalls von der Stanford Universität, ansehen, die viel zum Verständnis der dynamischen Kraft emotionaler Informationsverarbeitung beigetragen haben.

Bis zur Veröffentlichung der Ergebnisse der Gehirn/Geistforschung von Dr. Pribram war man allgemein der Auffassung, daß eine Information nur an einer einzigen Stelle im Gehirn gespeichert wird. Ein einfaches Beispiel zur Veranschaulichung: Ein bestimmtes Gehirnneuron würde die Information speichern, wie man eine Hand wiedererkennt, und ein anderes wäre für einen Fuß zuständig. Die Forschungsarbeiten Dr. Carl Pribrams führten zur Entdeckung einer einzigartigen neuen Theorie. Er glaubt, daß das Gehirn dieselbe Basis-Information an vielen Stellen speichert.

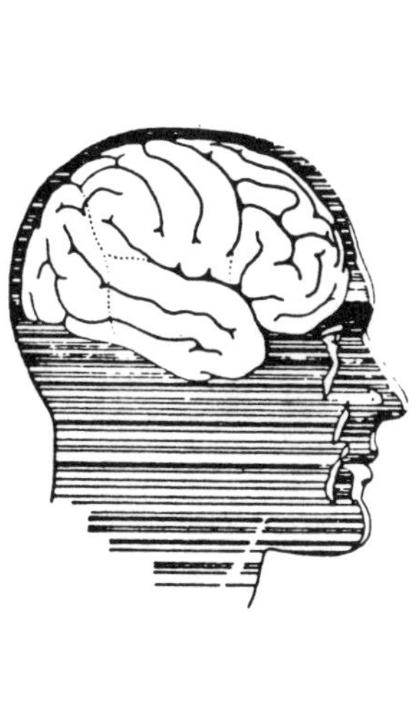

Diese Forschungsergebnisse, die zeigten, daß dieselbe Information vom Gehirn an einer Vielzahl von Stellen gespeichert wird, führte schließlich zu Dr. Pribrams Theorie vom holographischen Gehirn.

Die Theorie des holographischen Gehirns

Die Theorie des holographischen Gehirns ist wörtlich zu verstehen, da das menschliche Gehirn Informationen ähnlich wie ein Hologramm aufnimmt, verarbeitet und speichert. Das Hologramm wird durch eine Vielzahl von Bildern oder »Bezugspunkten« desselben Objektes erstellt, wobei mit Bezugspunkten verschiedene Blickwinkel bzw. Perspektiven desselben Objektes, desselben Menschen oder derselben Sache gemeint sind.

Da ich seit vielen Jahren Hologramme sammle, weckte dieser Vergleich des Gehirns mit einem Hologramm sofort mein Interesse. Eines Tages hatte ich unabsichtlich eines meiner Hologramme zerbrochen und dabei eine interessante Entdeckung gemacht: Die Aufnahme kann entzweigeschnitten werden, und dennoch projizieren die verbleibenden Teile ein dreidimensionales Bild. Diese Teile der Aufnahme können noch einmal entzweigeschnitten werden, geben aber immer noch das dreidimensionale Bild wieder. Das Zerschneiden (oder Zerbrechen) verursacht jedoch ein interessantes Phänomen bei der Projektion.

Das Detail ist nicht mehr komplett, obwohl das Bild dreidimensional bleibt, und die Perspektive ist nicht mehr vollständig. Wenn also zum Beispiel das intakte Hologramm ein Gesicht darstellt, und die rechte Hälfte der Aufnahme zerstört wird, haben wir immer noch ein dreidimensionales Bild, das aber vor allem die linke Seite des Gesichts wiedergibt.

Hologramme besserer Qualität verfügen über eine größere Anzahl aufgenommener Bilder oder Bezugspunkte. Dadurch kommen genauere, dichtere und schärfere dreidimensionale Aufnahmen zustande. Dr. Pribram glaubt, daß das Gehirn Informationen in einer ähnlichen, aus einer Vielzahl von Bildern bestehenden Anordnung speichert und abruft. Dieselbe Information wird also von einer Neuronenfamilie gespeichert.

Viele Leute sind der Meinung, daß sie nicht visualisieren. Wir wissen aber, daß sie nicht einmal die einfachste Handlung ohne Visualisierung ausführen könnten. Dieses komplexe Problem kann vielleicht mit Hilfe der Theorie des holographischen Gehirns erklärt werden.

Visualisierung – Vorstellung

José Silva, der Begründer der »Silva Method of Mind Development«, erklärt den Unterschied zwischen Visualisierung und Vorstellung sehr gut. Er sagt, daß bei der Visualisierung einfach schon früher gespeicherte Informationen (Erinnerungen) abgerufen werden, während die Vorstellung völlig neue Informationen hervorbringt, oder schon gespeicherte Daten auf irgendeine kreative Art und Weise verändert.

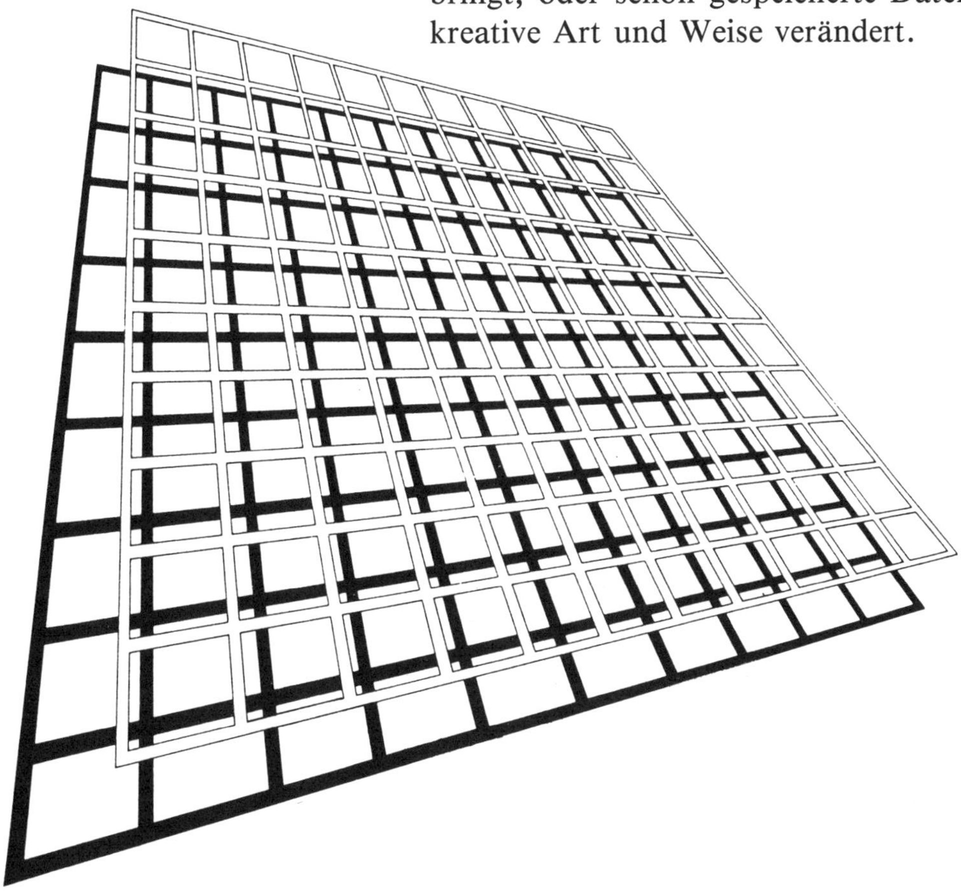

Die Anfänge der holographischen Visualisierungstheorie

In unseren Seminaren auf der ganzen Welt war Visualisierung immer ein wichtiges Diskussionsthema. 1981 hat man mich gebeten, anläßlich der »Silva International Convention« in Laredo, Texas, über das Thema »Verbesserung der Visualisierung« zu sprechen. Dieser Vortrag wurde aufgezeichnet, und die Cassette war jahrelang ein Verkaufsschlager.

Zu dieser Zeit wußten wir schon, daß man die Details der ursprünglich im Gehirn gespeicherten Informationen erweitern muß, will man die Visualisierungsfähigkeit verbessern. Und das geschieht durch genaue Beobachtung. Wenn man also die Bezugspunkte vermehrt und Details hinzufügt, kann man die Visualisierung verbessern.

Die Kunst der Visualisierung ist dem holographischen Bild sehr ähnlich. Damit das visuelle Bild ebenso dicht wird wie das Hologramm, muß es in allen Einzelheiten gesehen werden. Je mehr Informationen oder Einzelheiten der verschiedenen Bezugspunkte, desto dichter also das visuelle Bild.

Künstler und Visualisierung

Menschen mit künstlerischer Ausbildung sind Meister der Visualisierung. Das ist kein besonderes Talent, sondern liegt an der Art und Weise, wie sich Künstler geschult haben, einen Gegenstand anzusehen.

Betrachten Künstler zum Beispiel einen Ball, dann sehen sie vieles, was andere nicht sehen: den Ball selbst; sein Umfeld; den Boden, auf dem er liegt; die Schatten, die er wirft; die verschiedenen Farbtöne; seine hellen und dunklen Schattierungen; und natürlich das Licht, das sich in ihm reflektiert. Um Ihre Visualisierung zu verbessern, müssen Sie also am Ball bleiben!

Das Problem der meisten Menschen bei der Visualisierung ist ihr mangelndes Interesse für Details während ihrer ersten Beobachtungen. Wenn wir ein »gutes Bild« haben wollen, müssen wir zuerst gute Bezugspunkte schaffen. Um also Ihre Visualisierung zu verbessern, müssen Sie den kleinsten Details Ihres Arbeitstages und Ihrer privaten Umgebung genaue Aufmerksamkeit schenken. Beginnen Sie aber immer damit, das ganze Bild zu betrachten.

Die erste Formel auf dem Weg zu einer besseren Visualisierung lautet:

Gute Beobachtung = Gute Visualisierung

Der wahre Grund für Erfolg und Mißerfolg

Hinter dem Geheimnis erfolgreicher Programmierung steckt die Fähigkeit, sich ein vollständiges Bild zu machen. Jedes unvollständige Bild weist das Gehirn als falsch zurück, es sei denn, die Informationen stimmen mit den schon gespeicherten Wahrnehmungen überein.

Was ist ein Programm?

Ja, was ist eigentlich ein Programm? Wir benutzen diesen Begriff das ganze Buch hindurch. Ein Programm ist der geistige Prozeß, eine Reihe spezifischer Informationen im Gehirn zusammenzusetzen und zu speichern, die derart angeordnet sind, daß sie eine spezifische Antwort des Gehirns, Geistes oder Körpers hervorrufen. Wir programmieren uns zum Beispiel, wenn wir über ein gesetztes Ziel nachdenken, bzw. es uns vorstellen; und wenn wir daran arbeiten, uns schlechte Gewohnheiten abzugewöhnen oder eine negative Einstellung zu ändern. Mit anderen Worten, ein Programm setzt die Kräfte des menschlichen Gehirns/Geistes ein, um an etwas zu arbeiten, das wir möchten, aber noch nicht haben.

Individuelle Grenzen als Abwehrmechanismen im Unterbewußtsein

Wir haben innere Schutzzonen oder »Bequemlichkeitszonen« für uns selbst und für die Welt um uns herum geschaffen. Wir sind der Meinung, daß wir unsere Grenzen kennen. Ob richtig oder falsch, wir glauben zu wissen, was möglich ist, und was wir tun oder nicht tun können. Diese inneren Überzeugungen sind unserem Bewußtsein meist unbekannt. Gleichgültig, was wir uns wünschen – ob Geld, Ruhm, Glück oder eine erfolgreiche Beziehung –, wir können nur das verwirklichen, was die inneren Erwartungen unserer festgelegten Bequemlichkeitszone zulassen.

Die Bequemlichkeitszone wirkt wie eine Glasglocke, die wir uns überstülpen. Wenn wir uns etwas wünschen, das außerhalb unseres unterbewußten Selbstbildes liegt, erzeugen wir psychischen oder physischen Streß. Deshalb versucht unser Unterbewußtsein, unsere Handlungen innerhalb der festgelegten Bahnen zu belassen, um Ängsten oder der Furcht vor einem Fehlschlag vorzubeugen. Manchmal veranlaßt sogar die Angst vor Erfolgen oder Veränderungen das Unterbewußtsein, alles zu tun, was in seiner Macht steht, um unsere Ziele zu vereiteln.

Damit wir aus diesem Teufelskreis ausbrechen können, müssen wir unserem Verstand vortäuschen, daß wir die Handlung schon vollbracht haben, und so unsere Bequemlichkeitszone erweitern.

Das Programmieren erdachter Erfahrungen

Das innere Bewußtsein wird weder eine Handlung noch ein Ziel blockieren, die es für nichts Neues, für den Status quo hält. Wenn wir unser Unterbewußtsein also täuschen bzw. umprogrammieren möchten, müssen wir eine „Scheinerfahrung" machen, wie wir diese neue Programmierung nennen wollen. Eine Scheinerfahrung ist mehr als eine Visualisierung. Es handelt sich dabei um eine vollständige Erfahrung, die Sehen, Hören, Riechen, Tasten, Schmecken und Fühlen sowohl physischer als auch emotionaler Art umfaßt.

Wir gebrauchen das Wort »Schein« statt »real«, um eine »erdachte« Erfahrung mühelos von einer »erlebten« Erfahrung zu unterscheiden. Machen Sie für alles, was Sie programmieren wollen, eine Scheinerfahrung. Ihr Gehirn kann diese Scheinerfahrung für Realität halten. Wenn Sie sich die Zeit nehmen, eine vollständige Scheinerfahrung zu erschaffen, verstärken Sie die Wirkung des geistigen Programmierungsprozesses.

Ob wir eine Scheinerfahrung wirksam speichern, programmieren oder umprogrammieren, hängt von den folgenden zwei Faktoren ab:

1. Wiederholung

2. Qualität der Eingabe

Die Macht der Wiederholung

Wiederholung kann die Grundlage dafür sein, einen Gedanken, ein Bild oder ein Programm zu speichern, und so auf dem Weg zu einer Scheinerfahrung helfen. Die Vervielfältigung des inneren Bildes unterstützt in den verschiedenen Gehirnzellen durch Verstärkung und Einprägung die Programmierung der Scheinerfahrung. Und zweifellos ist die Wiederholung ein altbewährtes Hilfsmittel.

Qualität der Informationseingabe

Bei der elektronischen Datenverarbeitung zählt nicht die Quantität der Eingabe. Das wichtigste Erfolgskriterium ist die Qualität der Eingabe. Die Daten müssen vollständig programmiert werden. Wenn wir einen Gegenstand betrachten, senden wir unserem Gehirn ein vollständiges Bild davon – mit Einschränkungen natürlich. Die Information wird zwecks Katalogisierung und Einordnung mit bereits gespeicherten Daten verglichen. Was Sie sehen, betrachten Sie als Realität und speichern es als Tatsache. Kommt es zu einem Widerspruch mit schon früher gespeicherten Daten, wird die Information noch einmal verarbeitet und als nicht gesichert gespeichert.

Wenn wir unsere alten Überzeugungen umprogrammieren wollen, müssen wir die mentalen Bilder des neuen Programms wieder und wieder unserem Gehirn übermitteln. Das Gehirn nimmt die Information auf, aber wie es sie verarbeitet, hängt von der Qualität der Eingabe und dem Ergebnis des Vergleichs mit früher gespeicherten Daten ab. Jeder dieser beiden Faktoren kann im Zweifelsfall den Erfolg der Programmierung schmälern. Widerspricht die Information unserem alten Programm, wird sie in Frage gestellt, denn sie befindet sich außerhalb unserer Bequemlichkeitszone. Dieses Hindernis beseitigen wir durch eine bessere Qualität der Eingabe. Und diese Qualität erhöhen wir durch Steigerung unserer mentalen Erfahrungen.

Der Aufbau holographischer Bilder in unseren Gedanken

Ist Ihnen aufgefallen, daß wir statt Visualisierung oder bildhafter Vorstellung das Wort Erfahrung gebraucht haben? Denn das, was wir Visualisierung nennen, bedeutet in Wirklichkeit Erfahrung. Wenn man Ihnen ein Spaghettigericht serviert, nimmt das Gehirn nicht nur ein visuelles Bild auf, sondern auch den Dampf, der aus dem Teller aufsteigt, den Geruch der Sauce, das Geräusch des Tellers, der auf den Tisch gestellt wird, und natürlich registriert es schon bald, wie die Spaghetti schmecken. Unser Gehirn nimmt also nicht nur ein Bild auf, sondern die vollständige Erfahrung, einschließlich der Emotionen, die wir empfinden.

Von jetzt an wollen wir ein neues Wort benutzen, das die erdachte Erfahrung besser charakterisiert. Da wir eine Erfahrung verinnerlichen, können wir die erdachte Erfahrung auch Verinnerlichung statt Visualisierung nennen.

Unser Leitspruch auf dem Weg zum Erfolg wird also von nun an lauten:

»Gute Beobachtung = Gute Verinnerlichung«

Visuelle Beobachtung

Nehmen Sie die Welt um sich herum visuell wahr.

Betrachten Sie das, was Sie sehen, sehr aufmerksam – nicht nur den Gegenstand, die Person oder den Ort an sich, sondern achten Sie auch auf Details. Konzentrieren Sie sich nicht nur auf die Farbe, sondern auch auf die Schattierungen und Lichtreflexe in bestimmten Bereichen und natürlich auf das Umfeld eines Gegenstandes, einer Person oder eines Ortes: Sie verschaffen sich dadurch wichtige Anhaltspunkte, die Sie zum Aufbau Ihres visuellen Modellbildes benötigen.

Auditive Beobachtung

Achten Sie auf den Tonfall der Stimmen, die Sie hören, und nicht nur auf die Wörter, die gesprochen werden, registrieren Sie auch kleine Redeschwächen wie zum Beispiel ahs, hms oder ähs. Geben Sie acht darauf, wie schnell oder langsam jemand spricht und hören Sie auf die Stimmlage.

Konzentrieren Sie sich auf die Geräusche um Sie herum. Nehmen Sie die leisen Hintergrundgeräusche wahr, den Straßenlärm, die vorüberfahrenden Autos, die Geräusche der Klimaanlage und des Kühlschranks, das Atmen anderer Menschen, Ihren eigenen Atem. Diese vielen kleinen Einzelheiten tragen dazu bei, die holographische Verinnerlichung zu verstärken.

Kinästhetische Beobachtung

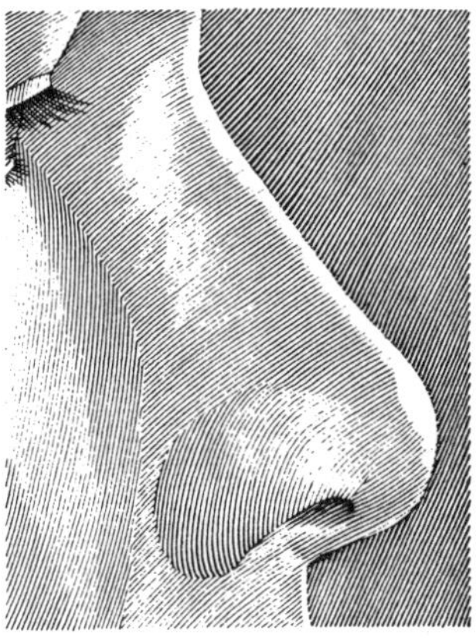

Der Begriff »kinästhetisch« steht für Riechen, Tasten, Schmecken und Fühlen.

Gerüche und Düfte ändern sich häufig von einem Augenblick zum anderen. Draußen riecht es vielleicht nach Meer und Fischen oder nach Nadelbäumen. Im Haus könnte es nach Speisen oder Haustieren riechen.

Der zarte Duft von Parfum oder der scharfe Geruch von Schweiß, alle diese Gerüche registriert das Gehirn. Sie sind Bestandteil der »erlebten« Erfahrung. Wenn Sie also eine Scheinerfahrung machen wollen, müssen Sie auch den Geruchsinn miteinbeziehen.

Tasten

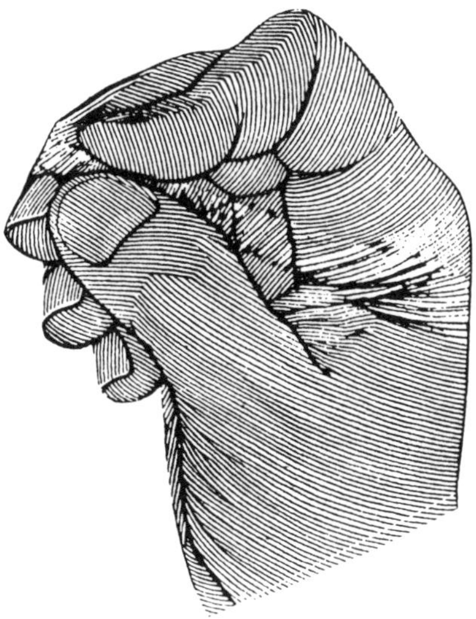

Kinder benutzen ihren Tastsinn ständig zum Sammeln von Informationen. Sie greifen nach allem! Machen Sie es ihnen nach und ertasten Sie sich Ihre Informationen wieder. Ist das, was Sie berühren, kalt oder warm, weich oder rauh? Vernachlässigen Sie auf keinen Fall Ihren Tastsinn. Denken Sie daran, Ihre Hand einem Menschen entgegenzustrecken und ihn zu berühren. Nehmen Sie auch wahr, was Sie fühlen, wenn Sie selbst berührt werden.

Schmecken

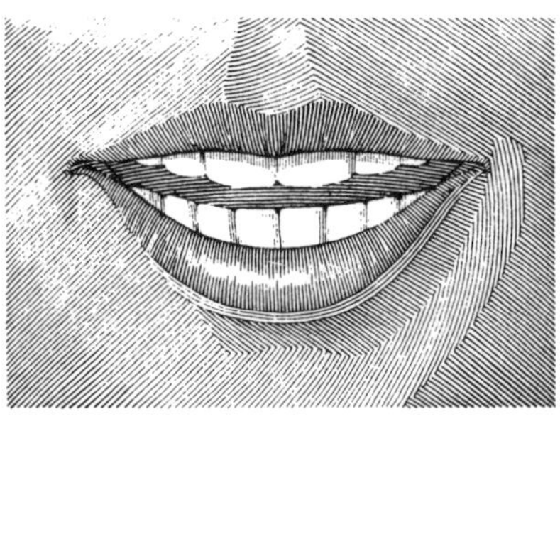

Auch der Geschmacksinn gehört zur kinästhetischen Kategorie. Konzentrieren Sie sich auf alles, was Sie schmecken. Unterscheiden Sie die Geschmacksnuancen im Gaumen und nehmen Sie Veränderungen wahr. Eine frisch geschnittene Zitrone zum Beispiel bewirkt vermehrten Speichelfluß. Achten Sie auf den unterschiedlichen Geschmack in Ihrem Mund, auch wenn Sie nicht essen. Sie können einen bitteren oder sauren Geschmack feststellen, wenn Sie enttäuscht sind, oder den süßen Geschmack des Erfolgs, wenn Sie einen Verkauf getätigt oder ein Ziel erreicht haben.

Fühlen

Es gibt keinen besseren Motivationsfaktor als Emotionen, aber die wenigsten von uns sind sich ihrer Gefühle bewußt. Beachten Sie, was Sie bei Ereignissen empfinden, die Sie erleben, oder die in Ihrer Umwelt geschehen. Stellen Sie fest, was Sie fühlen, wenn Sie einen kleinen Hund, eine Ratte oder einen anziehenden Menschen des anderen Geschlechts sehen. Nehmen Sie wahr, was Sie empfinden, wenn Sie Zeuge eines Unfalls werden oder einen Regenbogen sehen, wenn Sie einen verregneten Tag erleben oder den Vollmond betrachten. Werden Sie sich Ihrer Gefühle bewußt, wenn Sie einen Fremden, Ihren Chef, einen Verwandten oder einen Menschen treffen, den Sie lieben. Identifizieren Sie Ihre Gefühle und Sie können weitere Bausteine für Ihren inneren »Film« bzw. wichtige Anhaltspunkte für Ihre holographische Verinnerlichung sammeln.

Steigern Sie Ihre Effektivität durch Festlegen von Bezugspunkten für alle fünf Sinne, einschließlich der Emotionen. Nehmen Sie sich Zeit zum Ü.E.P., also Üben, Einstudieren, Probieren. Beobachten Sie Ihre Umgebung genau, damit Sie über deutliche Erinnerungen verfügen, wenn Sie schließlich eine Scheinerfahrung für ein zukünftiges geistiges Programm speichern wollen.

Holographische Informationseingabe

Der nächste Schritt zur holographischen Verinnerlichung bedeutete einen großen Fortschritt in meiner Forschungsarbeit. Ich hatte bei meinen Bemühungen, die Visualisierung zu verbessern, den Schlüssel dazu gefunden, nämlich die Beobachtung. Als nächsten Schritt mußte ich einen Weg finden, diesen Schlüssel zu gebrauchen, ihn ins Schlüsselloch zu stecken und umzudrehen. Die Antwort entdeckte ich, als ich mich mit dem »Neuro-linguistischen Programmieren« befaßte. Auf einmal paßte alles zusammen. Die Erkenntnis war so einfach, daß ich mich fragte, warum noch keiner dahintergekommen war.

Aus Kapitel 1 wissen Sie, daß unsere Augen automatisch in eine bestimmte Richtung wandern, sobald wir einen spezifischen Gedanken verfolgen. Unsere Augen wandern nach oben links, wenn wir visuelle Informationen abrufen, und sie wandern nach oben rechts, wenn wir visuelle Daten konstruieren.

Da also unsere Augen automatisch eine bestimmte Stellung einnehmen, sobald wir einen spezifischen Gedanken hegen, liegt es doch nahe, daß wir sie bewußt in diese Richtung drehen und so die Informationseingabe erleichtern, wenn wir einen neuen Gedanken oder eine Scheinerfahrung konstruieren und programmieren wollen.

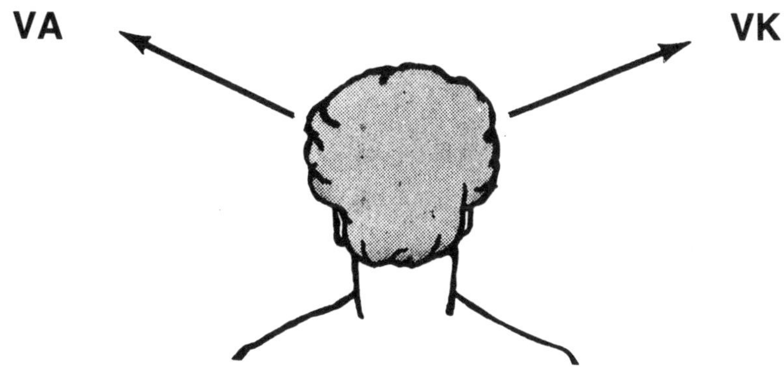

Geben Sie neue Informationen nur in entspanntem Geisteszustand ein.

Wir können unser Gehirn täuschen, indem wir unsere Augen bewußt in eine bestimmte Richtung drehen. Es wird dann glauben, daß die Scheinerfahrung Wirklichkeit ist.

Diese Erkenntnis setzten wir in unseren Seminaren ein, experimentierten damit und forschten weiter.

Es überraschte uns nicht, daß die neuen Informationen am wirksamsten dann zu dauerhaften Veränderungen führten, wenn sie in einem entspannten Geisteszustand eingegeben wurden. Denn in einer entspannten Bewußtseinsebene umgeht man sehr viel leichter analytisches Verhalten, und das vereinfacht natürlich die Aufnahme einer Scheinerfahrung.

Holographische visuelle Eingabe

Überlegen Sie, was Sie Ihrem Gehirn eingeben wollen. Welche Scheinerfahrung möchten Sie konstruieren? Vielleicht ist es ein Ziel, das Sie bisher nicht erreicht haben, oder eine Fähigkeit, die Sie erlangen möchten. Als erstes schließen Sie die Augen und gehen Sie mit der »Eins-Zwei-Drei-Technik« auf die Grundstufe. Nachdem Sie Ihre entspannte Bewußtseinsebene erreicht haben, geben Sie Ihrem Gehirn als nächstes das Bild oder den visuellen Bereich Ihrer holographischen Verinnerlichung ein. Sie lassen dazu Ihre geschlossenen Augen etwas nach oben und dann nach rechts wandern.

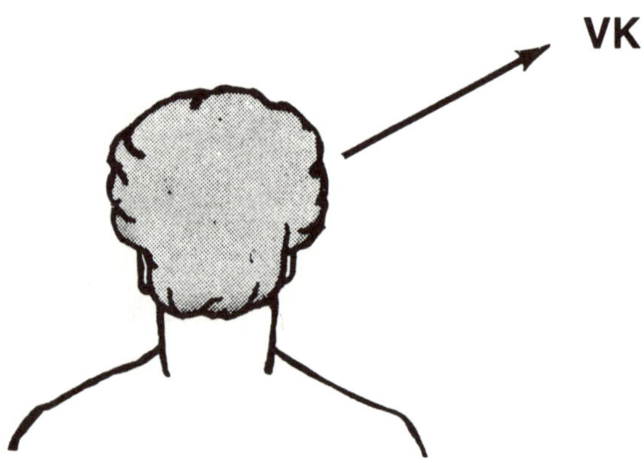

In dieser Augenstellung konstruieren Sie nun Ihren Filmstreifen. Lassen Sie auf Ihrem geistigen Bildschirm die ganze Szene so erstehen, als erlebten Sie sie wirklich. Achten Sie genau auf Farben und Perspektive. Nehmen Sie sich Zeit. Konstruieren Sie die Kleidung, die getragen werden soll, stellen Sie Paßform, Gewebe und Farben fest. Je mehr Einzelheiten Sie erfassen, desto wirkungsvoller entsteht das Bild.

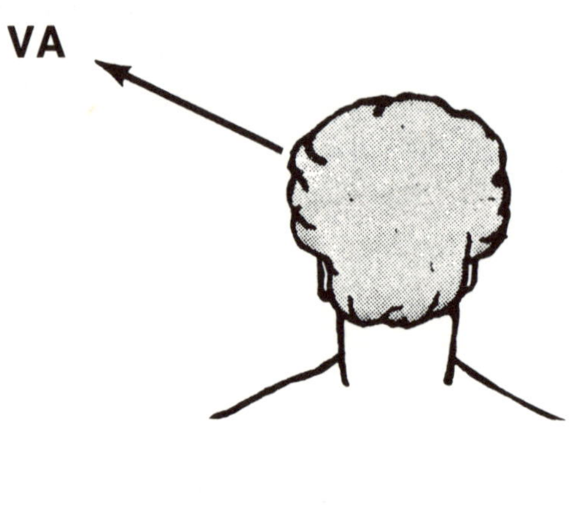

Kontrolle des visuellen Abrufs

Nachdem Sie ein zufriedenstellendes visuelles Bild konstruiert haben, testen Sie Ihre Eingabe, indem Sie Ihre Augen nach oben links drehen. In dieser Augenstellung rufen Sie nun die ganze Szene ab. Erscheint das Bild mühelos auf Ihrem geistigen Bildschirm, haben Sie es vollständig, also in allen Einzelheiten, eingegeben.

Läßt sich das Bild aber nur schwer abrufen, drehen Sie Ihre Augen wieder nach rechts oben, wiederholen Sie die visuelle Konstruktion und fügen Sie Ihrer Visualisierung weitere Anhaltspunkte hinzu. Sobald Sie Ihr visuelles Bild vervollständigt haben, lassen Sie Ihre Augen zur visuellen Kontrolle nach links oben wandern. Sie können diese beiden Vorgänge so oft wiederholen, bis Sie das gewünschte Resultat erzielt haben. Wenn Sie einige holographische Verinnerlichungen konstruiert und mehr Übung haben, können Sie Ihr visuelles Bild mit einer einzigen Eingabe erzeugen.

Anmerkung: Kontaktlinsenträgern fällt es manchmal leichter, diese Übungen ohne Kontaktlinsen zu machen.

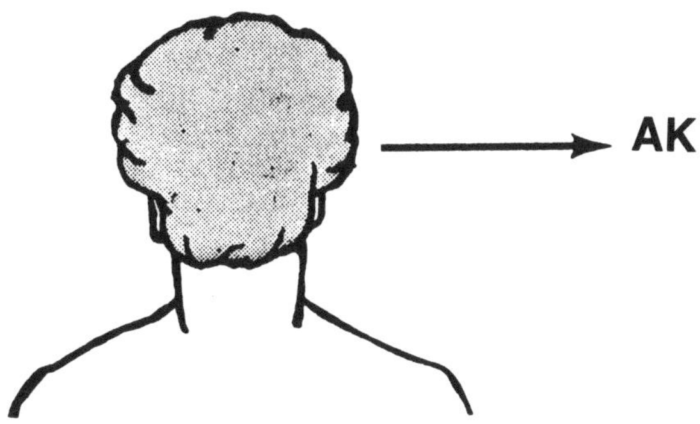

Auditive Eingabe

Als dritten Schritt fügen Sie Ihrem inneren Film die Tonspur hinzu. Sie sind immer noch auf der Grundstufe, haben Ihre Augen geschlossen und lassen sie nun in Richtung rechtes Ohr wandern. In dieser Augenstellung konstruieren Sie die Geräusche, die Sie in Wirklichkeit hören würden.

Schreiben Sie im Geist das Drehbuch, entwickeln Sie die Sprechweise der einzelnen Schauspieler und Schauspielerinnen für den Film, der auf Ihrem geistigen Bildschirm ablaufen soll. Achten Sie auf die Geschwindigkeit und den Tonfall der Stimmen. Vergessen Sie nicht die Hintergrundgeräusche wie Verkehrslärm, Klimaanlage usw.

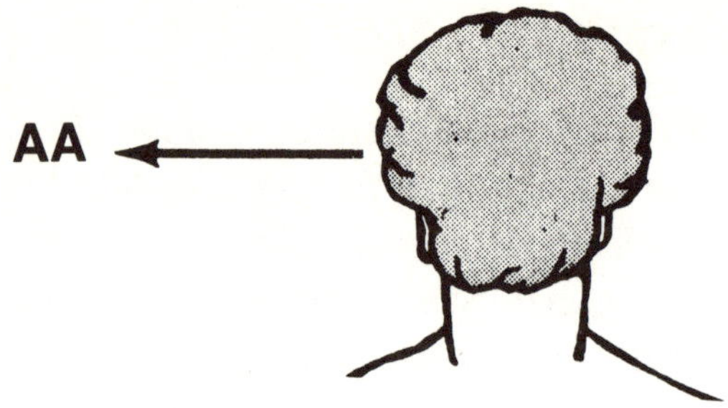

Kontrolle des auditiven Abrufs

Nachdem Sie die Tonspur zu Ihrer Zufriedenheit fertiggestellt haben, können Sie eine innere Kontrolle durchführen, indem Sie Ihre Augen in Richtung linkes Ohr drehen. Lassen sich die Geräusche problemlos abrufen? Wenn ja, gehen Sie weiter zur kinästhetischen Eingabe. Wenn nicht, wiederholen Sie den auditiven Eingabeprozeß.

Kinästhetische Eingabe

Der kinästhetische Input unterscheidet sich von der visuellen und der auditiven Eingabe. Sowohl bei der visuellen als auch bei der auditiven Programmierung erfolgt der Abruf links und die Konstruktion rechts. Bei der kinästhetischen Eingabe erfolgen jedoch sowohl Abruf als auch Konstruktion in derselben Augenstellung.

Physische Empfindungen

Um körperliche Empfindungen zu konstruieren, lassen Sie Ihre Augen nach links unten wandern. In dieser Augenstellung geben Sie dann physische Informationen ein. Fragen Sie sich: »Wenn ich diese Scheinerfahrung tatsächlich machen würde, wie hoch wäre dann die Außentemperatur? Wie würde sich meine Kleidung anfühlen, die Schuhe an meinen Füßen, die Brille oder die Kontaktlinsen, die ich trage?«

Nachdem Sie Ihre körperlichen Empfindungen konstruiert haben, kontrollieren Sie den Input durch Abruf der eingegebenen Informationen. Lassen sich diese Empfindungen nicht abrufen, so drehen Sie Ihre Augen wieder nach links unten und sammeln Sie weitere Informationen.

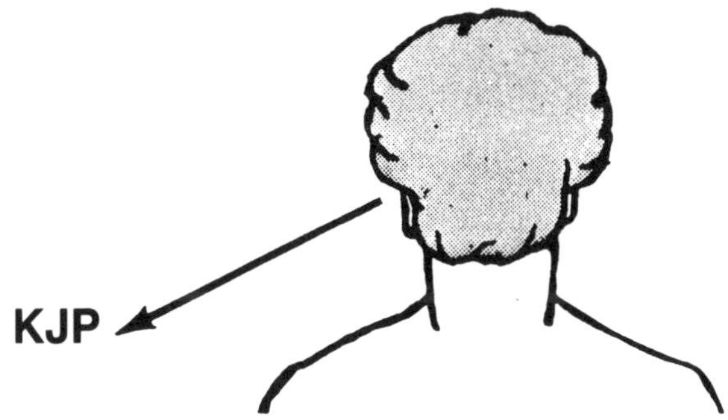

Olfaktorische Eingabe

Drehen Sie Ihre Augen in die Ausgangsstellung und lassen Sie sie dann senkrecht nach oben wandern bis zu einem Winkel von etwa 10 % über der horizontalen Blickrichtung. Zerbrechen Sie sich nicht den Kopf über den genauen Blickwinkel. Heben Sie Ihre Augen nur leicht an, so, als wollten Sie Ihre Augenbrauen betrachten. Während Sie die Eingabe machen, pegeln sich Ihre Augen automatisch in der richtigen Höhe bzw. dem richtigen Winkel ein.

In dieser Augenstellung konstruieren Sie nun die Gerüche und Düfte der Scheinerfahrung, die Sie zuvor programmiert haben. Kontrollieren Sie schließlich Ihren Fortschritt durch Abruf der olfaktorischen Eingaben. Sollten diese nicht vollständig sein, konstruieren Sie weitere Anhaltspunkte olfaktorischer Art.

Gustatorische Eingabe

Der nächste Sinn, den Sie zur Vervollständigung Ihrer Scheinerfahrung benötigen, ist der Geschmacksinn. Drehen Sie Ihre Augen in die Ausgangsstellung und lassen Sie sie dann senkrecht nach unten wandern bis zu einem Winkel von etwa 10 % unter der horizontalen Blickrichtung – etwa so, als wollten Sie Ihren Mund betrachten. Auch hier ist der genaue Blickwinkel nicht so wichtig.

In dieser Augenstellung konstruieren Sie nun Geschmacksempfindungen, die Sie haben würden, wäre Ihre Scheinerfahrung Wirklichkeit. Das kann ebenso gut das saftige Steak eines Festessens sein wie der süße Geschmack des Erfolgs.

Kontrollieren Sie anschließend Ihre gustatorische Verinnerlichung durch Abruf. Sollten die eingegebenen Informationen nicht ausreichen, kehren Sie in die entsprechende Augenstellung zurück und programmieren Sie weitere gustatorische Daten.

Eingabe von Gefühlen

Sie haben nun alle Sinneseindrücke holographisch verinnerlicht bis auf die emotionalen. Jetzt ist es an der Zeit, die Gefühle – die bedeutendsten Sinneswahrnehmungen – zu konstruieren, damit unser innerer Film lebendig wird. Bringen Sie Ihre Augen in die Ausgangsstellung und lassen Sie sie dann nach rechts unten wandern. Fragen Sie sich nun in dieser Augenstellung: »Was werde ich empfinden, wenn ich mein Ziel erreiche?« Wird dieses Gefühl Stolz, Freude, Befriedigung, Ekstase oder Liebe sein? Identifizieren Sie Ihr Gefühl und verstärken Sie es. Stellen Sie sich vor, wie es sich in Ihrem ganzen Körper ausbreitet.

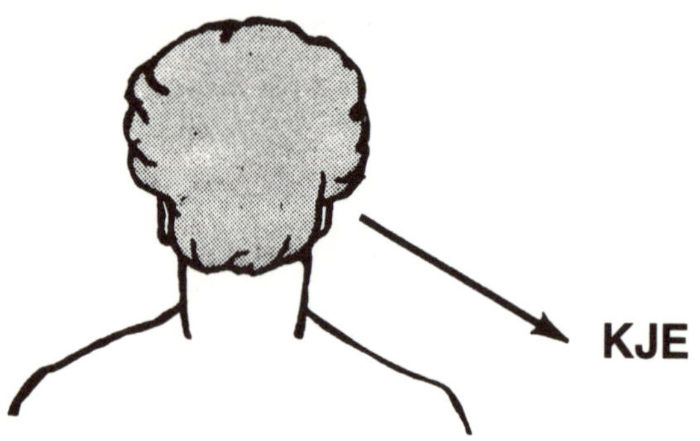

Holographische Verinnerlichung

Ohne dieses Gefühl abklingen zu lassen, drehen Sie jetzt Ihre Augen nach links oben und fügen den bereits eingegebenen visuellen Filmstreifen hinzu. Als nächstes lassen Sie dann Ihre Augen nach unten in Richtung linkes Ohr wandern und rufen die Tonspur ab.

Schließlich drehen Sie Ihre Augen nach links unten und fügen die körperlichen Empfindungen hinzu. Nun zurück in die Ausgangsstellung und 10 % hoch für den Abruf der olfaktorischen Daten. Danach 10 % nach unten für den Abruf der gustatorischen Informationen. Und jetzt lassen Sie auf Ihrem geistigen Bildschirm das ganze Programm ablaufen; erhalten Sie dabei die Dynamik Ihrer Verinnerlichung durch Spannung und Farbe aufrecht.

Das ist das Geheimnis der holographischen Verinnerlichung – wohl der erste große Fortschritt der Visualisierungsforschung nach vielen Jahren. Wir hatten im Master-Mind-Seminar großen Erfolg mit diesen Techniken. Viele Teilnehmer berichteten tiefbewegt von ihren ersten Erfolgen mit der Visualisierung nach Jahren vergeblichen Bemühens.

Mit dieser neuen Methode können Sie sich Ziele setzen und sie auch erreichen. Wenden Sie die Technik der holographischen Verinnerlichung an und machen Sie Ihr Unterbewußtsein zu Ihrem besten Freund. Es wird Ihnen helfen, in allen Lebenslagen erfolgreich zu sein.

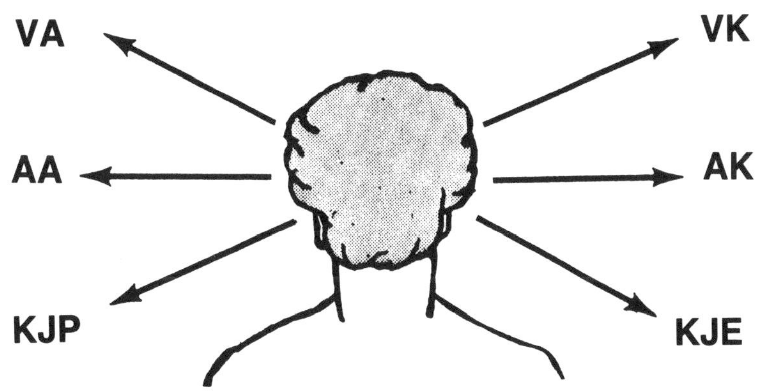

VA = Visueller Abruf eidetischer Bilder (Augen nach oben links)

VK = Visuelle Konstruktion von Bildern (Augen nach oben rechts)

(Vage blickende, starre Augen weisen ebenfalls auf visuelle Informationsverarbeitung hin.)

AA = Auditiver Abruf von Geräuschen oder Wörtern (Augen zum linken Ohr)

AK = Auditiv konstruierte Geräusche oder Wörter (Augen zum rechten Ohr)

KIP = Kinästhetische Informationsverarbeitung physischer Art – Abruf (Augen nach links unten)

KIE = Kinästhetische Informationsverarbeitung emotionaler Art – Abruf (Augen nach rechts unten)

Geruch

Augen in Ausgangsstellung und dann 10 % senkrecht nach oben.

Geschmack

Augen in Ausgangsstellung und dann 10 % senkrecht nach unten.

Holographische Visualisierung – Zusammenfassung der Lernschritte

Wenn Sie ein Ziel erreichen, sich schlechte Gewohnheiten, Ängste oder eine negative Einstellung abgewöhnen wollen, befolgen Sie diese elf Schritte, die zur Konstruktion einer Scheinerfahrung nötig sind:

1. Schritt: Schließen Sie die Augen und gehen Sie mit der Drei-Zwei-Eins-Methode auf die Grundstufe.

2. Schritt: Auf dieser entspannten Bewußtseinsebene drehen Sie die Augen nach rechts oben. Konstruieren Sie dann visuelle Bilder voller Farbe und Spannung.

3. Schritt: Kontrollieren Sie die Eingabe, indem Sie Ihre Augen nach oben links drehen. Wenn der Abruf mühelos erfolgt, gehen Sie zum nächsten Schritt weiter. Wenn nicht, wiederholen Sie den zweiten Schritt.

4. Schritt: Lassen Sie jetzt Ihre Augen in Richtung rechtes Ohr wandern. Konstruieren Sie dann die Tonspur mit Musik, Gesprächen und Hintergrundgeräuschen.

5. Schritt: Kontrollieren Sie Ihre Tonspur, indem Sie Ihre Augen in Richtung linkes Ohr wandern lassen. Wenn Sie alle Geräusche leicht abrufen können, gehen Sie zum nächsten Schritt weiter. Wenn nicht, wiederholen Sie.

6. Schritt: Drehen Sie Ihre Augen nach unten links und konstruieren Sie die körperlichen Empfindungen, die Sie fühlen würden, wenn diese Scheinerfahrung Wirklichkeit wäre. Kontrollieren Sie sich in derselben Augenstellung durch Abruf der eben programmierten körperlichen Empfindungen. Lassen sie sich mühelos abrufen, können Sie zum nächsten Schritt weitergehen.

7. Schritt: Drehen Sie Ihre Augen nach rechts unten und konstruieren Sie die Gefühle, die Sie empfinden würden, wenn diese erdachte Erfahrung Wirklichkeit wäre. Zur Kontrolle Ihres Fortschritts bleiben Sie in derselben Augenstellung und rufen diese Gefühle ab. Wenn Sie dabei keine Probleme haben, gehen Sie zum achten Schritt weiter.

8. Schritt: Bringen Sie Ihre Augen in die Ausgangsstellung zurück und drehen Sie sie dann 10 % senkrecht nach oben, um auch noch die olfaktorischen Informationen (Geruchsinn) einzugeben. Kontrollieren Sie sich in derselben Augenstellung und gehen Sie dann zum neunten Schritt weiter.

9. Schritt: Augen in die Ausgangsstellung und dann 10 % senkrecht nach unten zur Eingabe der gustatorischen Empfindungen (Geschmacksinn). Kontrollieren Sie sich in derselben Augenstellung.

10. Schritt: Verbinden Sie nun alle Sinneseindrücke (Sehen, Hören, Riechen, Tasten, Schmekken und Fühlen) zu einem vollständigen holographischen Verinnerlichungsprozeß. Fügen Sie Spannung, Farbe und Übertreibung hinzu – S.F.Ü.

11. Schritt: Um aus der Grundstufe wieder herauszukommen, zählen Sie bis fünf, öffnen Sie die Augen und Sie fühlen sich gut und bei bester Gesundheit.

Kapitel 4
Situationsgerechtes Verhalten durch zielgerichtete Verhaltensänderungen

Situationsgerechtes Verhalten durch zielgerichtete Verhaltensänderungen

Die Bedeutung unterschiedlicher Verhaltensweisen

Verhalten – was versteht man darunter, und wie kann man es ändern? Sie haben sicher schon Sätze gehört wie: »Susie verhält sich falsch. Ich arbeite nicht gern mit ihr«, oder »Seit John sein Verhalten geändert hat, mögen ihn alle«. Unser Verhalten kann die Ursache von Mißerfolgen, Depressionen, Wutausbrüchen, schlechten Beziehungen, ja sogar von Krankheiten sein. Wir werden zuerst feststellen, welche Ursachen richtiges bzw. falsches Verhalten haben, und danach zwei Techniken zur augenblicklichen Verhaltensänderung erlernen.

Vor kurzem las ich auf dem Werbeplakat eines Holiday Inn-Hotels »Stunde der Verhaltensänderung von 6 bis 7«. Dieser Weg zur Verhaltensänderung führte an die Bar und bestand aus Alkohol, nämlich zwei Drinks zum Preis von einem. Was für ein trauriges Dasein, wenn Leute, die von der Arbeit kommen, wo sie die Hälfte ihrer wachen Stunden verbringen, ihr Verhalten ändern müssen, bevor sie nach Hause gehen.

Was versteht man eigentlich unter Verhalten? Vielleicht läßt es sich mit Hilfe eines Jumbo-Jets am leichtesten erklären. Im Cockpit dieses Flugzeugs befindet sich ein Instrument, das aussieht, als stamme es aus dem Film »Krieg der Sterne«. Es hat zwei große leuchtend rote Pfeilflügel, die vor einem schwarzen Hintergrund schweben, auf dem mit einem weißen Raster die Erde und mit einer blauen Fläche der Himmel dargestellt sind. Fragt man den Navigator, wozu dieses Instrument dient, erhält man die Antwort, daß es das

Verhalten des Flugzeugs anzeigt. Unter dem Verhalten des Flugzeugs versteht man, in welchem Neigungsverhältnis zur Erdoberfläche es fliegt, und nicht die Flughöhe. Die Frage ist also, neigt es seinen rechten bzw. linken Flügel zur Erde, oder fliegt es parallel zur Erdoberfläche?

Anhand dieses Beispiels läßt sich Verhalten ganz einfach erklären. Wir definieren unser Verhalten als unser Neigungsverhältnis zu jemandem oder zu etwas. Sind Sie einer Person oder einem Ereignis zugeneigt oder abgeneigt?

Beobachten Sie Ihre Verhaltensweisen. Neigt Ihr Verhalten Ihren Zielen zu, oder ist es dem, was Sie sich wünschen, eher abgeneigt? Die Antworten sind nicht immer leicht zu finden, denn innerer Überzeugungen ist man sich oft nicht bewußt. Häufig versuchen wir etwas Neues, aber es mißlingt, und anscheinend ohne jeden Grund.

Entsprechen Ihre inneren Überzeugungen nicht Ihren äußeren Zielen, reagieren Sie negativ, sobald sich Erfolg anbahnt. Die negative Reaktion könnte man auch falsches Verhalten nennen. Ob es nun Angst vor Erfolg oder vor Mißerfolg ist, die Wirkung bleibt dieselbe. Alles, was außerhalb Ihrer festgelegten inneren Bequemlichkeitszone liegt, wird ausgesperrt.

Unsere Bequemlichkeitszonen haben sich von Geburt an aus unseren Verhaltensweisen herausgebildet. Wir haben unsere Wahrnehmungen aus unserer Umwelt gesammelt, und mit Hilfe dieser Informationen haben wir entschieden, wer und was wir sind. Ein Großteil dieser Informationen wurde uns von unseren »Lehrern« in und außerhalb der Schule vermittelt, von nahestehenden Menschen und religiösen Erziehern.

Alle diese Menschen haben uns geliebt, und unsere Zukunft war ihnen keineswegs gleichgültig. Aber ihre Überzeugungen waren wiederum von ihren Lehrern geformt worden. Ein Großteil der Informationen, die uns weitervermittelt wurden, waren also veraltet und überholt. Andere »Tatsachen« betrafen nur unsere Lehrer, uns aber nicht. Und wieder andere waren von Anfang an falsch. Wir lassen uns demnach unser Leben lang von einer ganzen Reihe falscher Überzeugungen leiten.

Mit der Zeit kapseln wir uns ab. Die falschen Ansichten bilden eine Schutz- und Bequemlichkeitszone um uns herum. Solange sich unsere Handlungen in den vorgeschriebenen Bahnen bewegen, fühlen wir uns wohl. Jede abweichende Handlung liegt außerhalb unserer Bequemlichkeitszone. Ein neues Abenteuer entspricht uns nicht. Unser Verstand wird alles tun, was in seiner Macht steht, damit wir wieder in unsere vertraute Bequemlichkeitszone zurückkehren. Sobald sich neu entdeckte Aufgaben, Ziele oder Projekte außerhalb unserer Bequemlichkeitszone befinden, bauen wir einfach eine falsche Verhaltensweise dagegen auf.

Unser Weltbild als Ursprung unseres Verhaltens

Verhaltensweisen entstehen aus vorgefaßten Meinungen. Jeder von uns hat sich sein eigenes »Weltbild« geschaffen. Leider ist dieses Weltbild, das wir uns mit Hilfe unserer Lehrer angeeignet haben, oft negativ.

Wir haben sozusagen ein inneres Videoband aufgenommen über unser großes Drama – das Leben! Und wir spielen uns dasselbe Videoband immer wieder vor. Es setzt sich von selbst in Gang, ausgelöst durch eine ganze Reihe von Erfahrungen – ein Wort, einen Satz, ein Lied, das aus der Ferne zu uns dringt, einen Ort, einen Vorfall, die Berührung eines Gegenstandes oder eine emotionale Reaktion. Diese negativen Weltbild-Bänder gibt es in allen möglichen Formen, Größen und Gefühlsarten.

Ein einfaches negatives Band ist zum Beispiel »Oh, wie ich es hasse, morgens aufzustehen!« Dieses kleine Band kann Ihren ganzen Tag verderben und, wie Sie bald feststellen werden, auch den nächsten Tag, die ganze Woche, den ganzen Monat, ja sogar Ihr ganzes Leben. Andere Beispiele für negative Bänder: »Ich kann nicht rechtschreiben«. Dieses Band kann Angst vor einer Beförderung auslösen, weil man Ihre Schwäche »entdecken« würde. »Ich kann mich nicht erinnern«. Das könnte Sie veranlassen, allem Neuen aus dem Weg zu gehen. Vielleicht fürchten Sie sich davor, eine neue Arbeit nicht erlernen oder verstehen zu können.

Man könnte diese Liste beliebig fortsetzen: »Ich weiß nicht genug«, »ich habe es nicht verdient«, »ich habe keine Erfahrung« oder »ich mag nicht . . .« All das sind Beispiele selbstzerstörerischer negativer Verhaltensbänder.

Die große Frage ist also: Wie können wir dem ständigen Abspielen negativer Bänder entgehen?

Korrektur eines negativen Weltbildes

Die Methode der augenblicklichen Verhaltensänderung gebraucht eine bildhafte Vorstellung, um negativ zu positiv umzukehren. Da dieser Prozeß auffallend einfach ist, übersehen manche Menschen dieses wirkungsvolle Hilfsmittel völlig.

Der Umwandlungsprozeß erfolgt in vier Schritten:

A. Werden Sie sich bewußt, daß Sie ein negatives Verhaltensmuster abspielen. Das Erkennen des Problems ist der erste Schritt zum Erfolg. Wehren Sie sich gegen wiederholtes negatives Verhalten!

B. Stellen Sie sich vor, Sie hätten eine ständig laufende Videocassette, auf der das Problem aufgezeichnet ist, in Ihrem Kopf. Mit Hilfe dieses einfachen inneren Bildes oder Symbols haben Sie das Problem in einem Gegenstand verkapselt, der sich leicht handhaben läßt.

C. Stellen Sie sich vor, Sie ziehen das Band aus Ihrer Stirn heraus und stellen es ab. Wenn Sie das Band abstellen, stellen Sie gleichzeitig auch Ihr Verhalten ab. Das Symbol, das dem Unterbewußtsein übermittelt wird, kommt häufig genug vor, damit es sich des Problems annimmt. Mit Hilfe solcher Symbole oder mentaler Bilder können Sie Ihr Denken verändern und zum Erfolg gelangen.

D. Erstellen Sie ein neues, positives Band, auf dem Sie das positive Verhalten mühelos und erfolgreich anwenden. Stellen Sie sich vor, Sie schalten ein neues, positives Band ein, das im Einklang mit Ihrem gewählten positiven Weltbild oder Ihrer Scheinerfahrung steht. Anstatt zum Beispiel zu sagen »Oh, wie ich es hasse, morgens aufzustehen«, sprechen Sie darauf »Oh, was für ein schöner, aufregender Tag erwartet mich!«

Diese Technik ist nicht nur leicht, Ihre Anwendung macht auch Spaß. Außerdem ist sie erstaunlich wirksam.

Entstehung von Depression und Ablehnung

Ändern Sie Ihr Verhalten, wenn es negativ ist, das sagt sich leicht. In vielen Fällen wird diese Änderung leider nur auf einer äußeren Bewußtseinsebene vollzogen. Die meisten Menschen kehren schon nach kurzer Zeit wieder zu ihrem negativen Verhalten zurück oder schlimmer noch, sie sind von Anfang an nicht imstande, die Veränderung herbeizuführen.

Niemand möchte deprimiert sein oder abgewiesen werden, aber es gibt Zeiten, da scheint dies unvermeidlich zu sein. Depressionen breiten sich wie Epidemien aus. Sie befallen doppelt so viele Frauen wie Männer. Meistens kennen wir nicht einmal den Grund für unsere Depression. In diesem Fall hilft es, mehr über die Informationsverarbeitung unseres Gehirns zu wissen.

Neue Erkenntnisse über die Informationsverarbeitung des Gehirns

Dr. Gordon H. Bower von der Stanford Universität hat einige interessante Theorien aufgestellt. Seine Forschungsarbeit konzentriert sich auf drei Bereiche der geistigen Informationsverarbeitung:

1. Unsere Gefühle verhalten sich wie ein Filter, der nur solche Informationen durchläßt, die unsere Gefühle unterstützen oder rechtfertigen. Der Filter akzeptiert Informationsmaterial, das mit unserer Stimmung übereinstimmt, weist aber alles ab, was im Widerspruch dazu steht. Dieser Filterungsprozeß ist bedeutsam, weil er festlegt, wie Informationen erstmals im Gehirn gespeichert werden.

2. Unsere Gefühle haben entscheidenden Einfluß darauf, welche Informationen wir im Gedächtnis speichern. Die meisten Menschen können am leichtesten Erinnerungen abrufen, wenn sie sich in die Stimmung zurückversetzen, in der sie diese Geschehnisse ursprünglich erlebt haben.

3. Starke emotionale Einflüsse verzerren unser Denken und unsere Urteilsfähigkeit. Unser Wahrnehmungsvermögen und unsere Vorstellungskraft sind subjektiv und werden oft durch momentane Stimmungen beeinflußt. Wann immer wir unsere Freunde, uns selbst, unsere Arbeitssituation und unsere Zukunft beurteilen, treten diese emotionalen Einflüsse in Kraft.

Dr. Bowers Forschungsergebnisse zeigen also, daß die Informationsverarbeitung in unserem Gehirn von unseren Gefühlen abhängig ist. Um Erinnerungen abzurufen, müssen wir demnach die ursprünglichen Gefühle rekonstruieren.

Der Bereich »Stimmungsabhängiges Lernen« ist von vielen Forschern auf der ganzen Welt untersucht worden. Aber erst Dr. Bower hat eine Technik gefunden, mit deren Hilfe wir die Reaktionen unseres inneren Bewußtseins steuern können. Wenn man Dr. Bowers Überlegungen umsetzt, könnte man die Informationsverarbeitung unseres Gehirns mit zwei unterschiedlichen Akten- bzw. Ablagekammern vergleichen: In der einen werden alle negativen Gefühle verwahrt und in der anderen, vollkommen separaten Kammer alle positiven. Um nun jede dieser beiden Kammern öffnen zu können, müssen wir die Gefühle im jeweiligen Ablagesystem nachempfinden.

Wenn Sie also einem negativen Gefühl nachgeben, sagen wir zum Beispiel einer Depression, so haben Sie nur Zugang zur negativen Ablagekammer. Die einzigen Erinnerungen, die Sie leicht abrufen können, sind Informationen im negativen Gefühlsbereich.

Ein bedeutungsloser negativer Vorfall oder Gedanke, eine Schlagzeile, ein negatives inneres Band, wie zum Beispiel »oh, wie ich es hasse, morgens aufzustehen«, oder ein trauriges Lied, das Sie gern hören, können Ihre Gedanken auf negative Weise beeinflussen. Jetzt verstehen Sie sicher auch, warum es nicht leicht ist, unsere Stimmung zu ändern, wenn wir deprimiert sind.

Sind Sie nämlich erst in einer negativen Stimmung, können Sie nur die Fehlschläge und negativen Erlebnisse in Ihrem Leben mühelos abrufen. Sie haben dann dieses uns allen wohl bekannte Gefühl: »Niemand hat jemals etwas mir zuliebe getan; niemand liebt mich; alle hassen mich; ich glaube, ich gehe jetzt nach Hause und hänge mich auf«. Versuchen Sie es, so oft Sie wollen, Sie werden sich an keinen glücklichen Augenblick in Ihrem Leben erinnern können.

Oft wird ein tüchtiger Angestellter aufgrund einer plötzlichen, unüberlegten Meinungsverschiedenheit entlassen. Sein Vorgesetzter ist der Meinung, daß irgend etwas nicht richtig läuft, und allem Anschein nach trägt dieser bestimmte Angestellte die Schuld daran. Der Vorgesetzte versucht sich zu erinnern, wann dieser Angestellte jemals irgend etwas richtig gemacht hat. Sein Verstand geht die ganze Ablage durch, entdeckt aber nichts. Natürlich, denn alle Pluspunkte dieses Mannes befinden sich in der positiven Ablagekammer, die für den Vorgesetzten im Augenblick aber unerreichbar ist. Prompt trifft er die falsche Entscheidung – der Angestellte wird gefeuert.

Wie viele Ehen, Partnerschaften und Karrieren wurden zerstört, nur weil jemand aus der negativen Kammer nicht herausfand!

Die Wirksamkeit positiver Verhaltensweisen

Jahrelang haben uns die Wegbereiter des positiven Denkens erklärt, daß uns Positives geschieht, wenn wir positiv denken. Natürlich bewahrheitet sich das oft. Wir haben alle miterlebt, wie viele Anhänger des positiven Denkens die Erfolgsleiter hinaufgeklettert sind. Zahlreiche Forscher haben eine metaphysische Erklärung für dieses Phänomen gesucht. Dr. Bowers Forschungsarbeit gibt uns nun die wissenschaftliche Antwort.

Zum ersten Mal verfügen wir über eine wissenschaftlich fundierte Erklärung, warum die positive Verhaltensweise funktioniert. Wenn Sie positiv denken, also in einer glücklichen, vertrauensvollen Gemütsverfassung sind, haben Sie Zugang zu allen positiven Erfahrungen Ihres Lebens. Werden Sie in einer positiven

Stimmung mit einem Problem konfrontiert, rufen Sie alle erfolgreichen Lösungen ähnlicher Probleme in der Vergangenheit ab. Dadurch vergrößert sich natürlich die Chance, auch Ihr momentanes Problem erfolgreich zu lösen.

Stehen Sie dagegen in einer negativen Stimmung vor einem Problem und suchen nach einer Lösung, dann fallen Ihnen nur Fehlschläge ein, und die Chancen für eine erfolgreiche Lösung stehen somit schlecht.

Diesen Verhaltensschwankungen sind wir in jedem Lebensalter ausgesetzt, denn vom siebten Lebensjahr an bis zu unserem Tod werden wir von unseren Verhaltensweisen regiert.

Die Steuerung von Stimmungsschwankungen

Verkäufer und Vertreter werden von Stimmungsschwankungen geradezu heimgesucht. Nehmen wir George als Beispiel:

GEORGE: »Es geht wunderbar, sobald ich den ersten Abschluß getätigt habe. Beim nächsten Anruf finde ich die richtige Antwort wie von selbst. Aber, oh Mann, kann ich schlechte Tage haben! Und manchmal werden sogar ganze Wochen daraus. Dann kommt es vor, daß ich keinen Anruf mehr erledigen will. Ich weiß dann einfach, daß ich das Falsche sagen werde und dadurch riskiere, nicht nur den Abschluß zu vermasseln, sondern den Kunden ganz zu verlieren.«

George befindet sich in der negativen Ablagekammer, ein häufiges Problem vieler Verkäufer und Vertreter. Die verneinende Antwort des Kunden löst Zurückweisung, negative Empfindungen, negative Erinnerungen aus, und George hat das Gefühl, an einer ansteckenden Krankheit zu leiden. Er ruft nur noch seine Fehlschläge und negativen Erfahrungen ab. Es wird eine stete Talfahrt für ihn, wenn er nicht eine Möglichkeit findet, diesem Teufelskreis zu entkommen. Viele erfolgreiche Vertreterkarrieren wurden durch diese negative Verhaltensweise zerstört.

Das Geheimnis situationsgerechter Verhaltensänderung

Da uns dieser Teufelskreis jetzt bewußt ist, fragen wir uns »Wie können wir von der negativen Ablagekammer in die positive gelangen?«

Die Antwort: Um von einer negativen Verhaltensweise auf eine positive umschalten zu können, benötigt man einen verbalen Auslösemechanismus – ein Zauberwort, das in unserem Gehirn als Auslöser fungiert und uns in eine positive Stimmung versetzt.

Damit wir unserem Gehirn diesen Auslösemechanismus eingeben können, müssen wir eine positive Erfahrung abrufen, die wir mit einem ähnlichen Problem in der Vergangenheit schon einmal gemacht haben. Erinnern Sie sich als erstes an einen positiven Vorfall in der Vergangenheit, an ein erfolgreiches Erlebnis mit positivem Ausgang. Aber vergessen Sie nicht, Sie müssen diese positive Erfahrung rechtzeitig auswählen. Sind Sie schon bei der Durchsicht der Ablage Ihrer negativen Kammer angelangt, ist es für die Eingabe des Auslösemechanismus bereits zu spät. Georges Problem ist es, von seinen Kunden abgewiesen zu werden.

1. Schritt: George ruft einen oder mehrere positive Verkaufserfolge ab, insbesondere einen Abschluß, bei dem er die richtigen Worte fand und für den er allein verantwortlich war.

2. Schritt: Dann geht George mit der Drei-Zwei-Eins-Methode auf die Grundstufe. Auf dieser entspannten Bewußtseinsebene ruft er folgende Informationen ab: Wie war ich damals angezogen; wie war mein Kunde angezogen; wie sah der Raum aus; wie war er eingerichtet; welche Farben hatten die Möbel usw. George bleibt auf der Grundstufe und läßt jetzt seine Erinnerung an das gesamte Verkaufsgespräch abspielen, wobei er versucht, sich soviel von dem Gesagten wie möglich ins Gedächtnis zurückzurufen. Und natürlich ruft er auch ab, wie er sich in diesem erfolgreichen Augenblick gefühlt hat.

3. Schritt: Nachdem George diese positive Erfahrung mit großem Vergnügen auf seinem inneren Bildschirm abgespielt hat, zählt er von eins bis fünf, um aus der Grundstufe wieder herauszukommen. Dann sucht er sich ein Auslösewort, das ihn an die positive Erfahrung erinnert, bzw. den Erinnerungsprozeß auslöst.

4. Schritt: Nun geht George mit der Drei-Zwei-Eins-Methode wieder auf die Grundstufe und spielt das positive Erlebnis auf seinem inneren Bildschirm noch einmal ab. Diesmal fügt er jedoch weitere Einzelheiten hinzu, an die er sich erinnert. George bleibt auf seiner entspannten Bewußtseinsebene und programmiert sich dann: »Jedesmal, wenn ich in Zukunft das Auslösewort . . . benutze, werde ich mich an diese positive Erfahrung erinnern.« Dann zählt George wieder von eins bis fünf und kommt aus der Grundstufe heraus.

Stößt George in Zukunft auf Ablehnung, kann er sich im Geist oder laut sein Auslösewort vorsagen und seine Gedanken wieder auf die positive Ablagekammer ausrichten. Damit hat er nicht nur von der negativen in die positive Ablage umgeschaltet, sondern gleichzeitig auch sein Verhalten geändert. Von nun an wird George viel erfolgreicher sein, denn er hat gelernt zu handeln, statt nur zu reagieren. Er hat seine Gefühle im Griff!

Die Überwindung von Depressionen

Die Technik der augenblicklichen Verhaltensänderung erweist sich auch im Kampf gegen das Schreckgespenst Depression als sehr wirkungsvoll. Negative Gefühle haben schon Millionen Menschen in die »Angst vor dem drohenden Verhängnis« oder in Todesängste getrieben. Diese Ängste und Depressionen sind nichts anderes als negative Erwartungen.

Befinden wir uns in einer solchen Gemütsverfassung, sind wir auf das Schlimmste gefaßt. Wir bereiten uns innerlich auf die Katastrophe vor. Und natürlich holen wir uns alle Antworten aus der negativen Ablagekammer. Jede Lösung, auf die wir stoßen, basiert auf einem Fehlschlag, einem negativen Erlebnis. Auf diese Weise verstricken wir uns immer tiefer in Selbstmitleid. Als letzter Ausweg für manche, schwer depressive Menschen bleibt dann nur noch der Selbstmord.

Die Technik der augenblicklichen Verhaltensänderung kann der Weg sein, Sie wieder zu einem glücklichen, erfolgreichen Menschen zu machen.

Aber Sie müssen sich vorzeitig wappnen. Konstruieren Sie ein Zauberwort, mit dem Sie das Schreckgespenst der Depression augenblicklich verjagen können. Gehen Sie auf die Grundstufe und rufen Sie eine Erfahrung ab, während der Sie entspannt und zuversichtlich waren, ein positives Erlebnis oder einen glücklichen Augenblick, in dem Sie sich geliebt fühlten. Verstärken Sie die Erfahrung durch holographische Verinnerlichung, die Sehen, Hören, Riechen, Tasten, Schmecken und Fühlen einbezieht.

Wenn Sie sich nicht an genügend Einzelheiten erinnern können, konstruieren Sie eine Scheinerfahrung für dieses positive Erlebnis. War die Ursache der Depression eine große Bedrohung für Sie, lassen Sie Ihre positive Erfahrung unbedingt dreimal täglich und mindestens sieben Tage lang auf Ihrem inneren Bildschirm abspielen. Derart gestärkt, sind Sie auch gegen das schlimmste Schreckgespenst gerüstet.

Mit Hilfe dieser Technik kann jede negative Stimmung überwunden werden. Konstruieren Sie ein spezielles Auslösewort für jeden Problembereich. Sie werden sehen, es macht Spaß!

Praktische Verhaltensänderung im Alltag – Zusammenfassung der Lernschritte

A. Rufen Sie ein positives Erlebnis oder eine Erfahrung ab, bei denen der Erfolg allein Ihr Verdienst war.

B. Gehen Sie mit der Drei-Zwei-Eins-Methode auf die Grundstufe. Erinnern Sie sich auf dieser entspannten Bewußtseinsebene an alle Einzelheiten Ihrer Erfahrung. Fügen Sie dann alle Anhaltspunkte für die holographische Verinnerlichung hinzu.

C. Bleiben Sie auf der Grundstufe und gehen Sie Ihre Erfahrung noch einmal in allen Einzelheiten durch. Erinnern Sie sich diesmal so gut wie möglich an alles, was gesagt wurde. Empfinden Sie wieder das herrliche Gefühl dieses glücklichen Augenblicks.

D. Wählen Sie dann ein Auslösewort, das Sie an die positive Erfahrung erinnert, bzw. den Erinnerungsprozeß auslöst.

E. Bleiben Sie auf der Grundstufe und spielen Sie die positive Erfahrung noch einmal ab. Diesmal fügen Sie jedoch weitere Einzelheiten hinzu, an die Sie sich erinnern. Und dann sagen Sie sich vor: »Jedesmal, wenn ich dieses Auslösewort . . . benutze, werde ich mich an die positive Erfahrung erinnern und mich daran stärken.« Kommen Sie dann wieder aus der Grundstufe heraus.

F. Immer, wenn Sie von nun an Ihre Stimmung oder Ihr Verhalten ändern wollen, brauchen Sie sich nur im Geist oder laut Ihr Auslösewort vorzusagen, und schon sind Sie auf dem Weg zum Erfolg.

Auf den folgenden Seiten finden Sie Arbeitsblätter. Der erste Teil ist für Problembereiche gedacht, für die Sie Auslösewörter konstruieren möchten. Füllen Sie aber ebenfalls unbedingt die Erfolgslisten mit Auslösewörtern aus, damit Sie auch einen Überblick über Ihre Erfolge haben.

Augenblickliche Verhaltensänderung

Auslösewörter für die wichtigsten Bereiche

Grundsätzliche Bereiche	Emotionale Fortschritte
Arbeit ______________	Angst ______________
Soziales Umfeld ________	Depression ___________
Persönliches __________	Selbstwertgefühl ________
Psychische Bereiche _____	Sprechen in der Öffentlichkeit ________
	______________________

Physische Bereiche ______	Kreativität ______________
Geistige Bereiche _______	Gedächtnis ______________
Familiäre Bereiche ______	______________________
Finanzielle Bereiche _____	______________________

Besondere Bereiche

Verkäufe ______________________________________

Kreativität ____________________________________

Produktivität __________________________________

Problemlösung _________________________________

Ideen ____

Erfolgslisten mit Auslösewörtern

	Datum _______________
Bereich _______________	Positive Erfahrung ______

____

____

Anhaltspunkte
Einzelheiten der holographischen Verinnerlichung

Ort _____________________	Farben _______________
Ihre Kleidung ___________	Duft _________________
________________________	Beteiligter ___________
Hören __________________	Kleidung des
Schmecken ______________	Beteiligten ___________
Gefühle ________________	_____________________
________________________	Temperatur ___________
________________________	Andere Details ________
	_____________________

Auslösewort ___________________________________

Wie oft wurde Auslösewort programmiert __________

Pro Tag ______ Woche __________ Monat __________

Wie oft wurde Auslösewort eingesetzt ____________

Pro Tag ______ Woche __________ Monat __________

Erfolg ____

____

____

____

Bemerkung _____________________________________

____

Kapitel 5
Hilfsmittel der Programmierung: Die Macht der Einbildung

Hilfsmittel der Programmierung: Die Macht der Einbildung

Das Geheimnis der Glücksbringer

Hatten Sie jemals Dinge wie einen Glückspfennig, einen Anzug, ein Kleid oder ein bestimmtes Gefühl, die Glück bringen? Die Wissenschaft hat sich längst von Glücksbringern distanziert. Dennoch existiert ein riesiges Angebot an unterschiedlichsten Talismanen, die von tausenden von Menschen gekauft und gebraucht werden.

Die Kerze, die reich macht

Als ich anläßlich der Internationalen Tagung von »Silva Mind Control« in Laredo, Texas, war, um das »Master Mind Seminar« vorzustellen, entdeckte ich im Supermarkt von Laredo ein Regal mit Devotionalien, darunter Kerzen. Neben diesen Kerzen lag eine »Kerze, die reich macht«. Ich dachte mir: »Wer wird schon glauben, daß er reich wird, wenn er diese Kerze anzündet?« Dann bemerkte ich die Lücken in den Beständen und sah, daß schon eine ganze Menge davon verkauft wurden.

Also machte diese Kerze reich, oder zumindest glaubten die Käufer, daß sie es tut. Ich nahm die Kerze aus dem Regal und legte sie in meinen Einkaufswagen. Zu Hause betrachtete ich sie dann genauer. Sie war übersät von glückbringenden Symbolen – Glückspilzen, vierblättrigen Kleeblättern und Hufeisen. Auch Abbildungen wertvoller Gegenstände klebten darauf, etwa Diamantringe, Pelzmäntel (in Texas!) und funkelnde, neue Autos.

Schlagartig begriff ich, daß so eine Kerze tatsächlich funktionieren kann! Man zündet sie an, blickt in die Flamme, konzentriert sich auf das, was man haben möchte und bekommt es dann auch. »Die Kerze, die reich macht« kombinierte einen Auslösemechanismus mit einer Zielvorstellung. Wie die meisten Glücksbringer funktioniert die Kerze, wenn man will, daß sie funktioniert. Sie erzeugt einen Fixierungspunkt, den Auslöser einer positiven Erwartungshaltung, der ihrem Eigentümer zu Erfolg verhilft.

Der Anzug, der Glück bringt

Auch führende Persönlichkeiten aus Wirtschaft, Handel und Industrie verwenden Glücksbringer. Es gibt die verschiedensten Talismane, von der Hasenpfote bis zum Glückspfennig. Manchmal wird sogar ein Kleidungsstück zum Glücksbringer.

In dem Seminar »Farben und ihre Dynamik« lehrt die Autorin und Vortragende Judith L. Powell, daß eine bestimmte Farbe der Kleidung eine bestimmte Reaktion bei anderen Menschen auslöst. Als wir mit James Clark, einem der erfolgreichsten Verkaufsmanager unseres Landes, über diese Erkenntnisse diskutierten, widersprach mein Freund Jim in einem grundlegenden Punkt – daß Braun keine geeignete Farbe für einen Verkäufer wäre.

John T. Malloy erläutert in seinem Buch »Dress for Success«, Braun sei eine Farbe, die Dienstboten tragen. Infolgedessen würde ein Rat, der von jemandem erteilt wird, der Braun trägt, in den meisten Fällen nicht angenommen.

Mein Freund Jim hielt das für falsch. Er hatte einen braunen Anzug, den er stets trug, wenn er eine wichtige Besprechung oder einen großen Verkaufsabschluß vor sich hatte. Er sagte, dieser Anzug brächte ihm Glück, denn fast jedesmal, wenn er ihn getragen hatte, wäre er erfolgreich gewesen. Später erfuhr ich, daß es sein erster maßgeschneiderter Anzug war. Als er diesen Anzug gerade erworben hatte, tätigte er einen der größten Abschlüsse seiner ganzen Laufbahn. Und natürlich hatte er seinen neuen braunen Anzug an! Jim sah in seinem neuen Anzug gut aus und fühlte sich wohl darin!

Wie Sie aus Kapitel 4 wissen, versetzte der neue Anzug Jim stimmungsmäßig in seine positive Ablagekammer. Er sagte genau das Richtige und hatte deshalb Erfolg. Der braune Anzug wurde zum Auslöser für ein positives Erlebnis, ein positives Gefühl, und das rief ein positives Verhalten in ihm hervor. Der Anzug wurde trotz seiner Farbe zum positiven Auslöser für Erfolg und so zu Jims Talisman.

Genauso wie Jim, ohne es zu wissen, einen positiven Auslösemechanismus konstruierte, können auch Sie sich Ihre persönlichen Glücksbringer zulegen, vorausgesetzt, Sie verstehen die Funktion von Auslösemechanismen und setzen diese richtig ein.

Auslösemechanismen als effektive Hilfsmittel

Definition: Unter Auslösemechanismus versteht man eine physische Handlung, ein Geräusch oder ein Erlebnis, aufgrund dessen entsprechende Aktionen, Emotionen oder Reaktionen angeregt, ausgelöst oder beeinflußt werden. Wir sind umgeben von Auslösern – angefangen vom »Stop-Schild« bis zum Babygeschrei. Und wir reagieren ganz automatisch auf die unterschiedlichsten Signale.

Die Werbung konditioniert uns mit verbalen und visuellen Auslösern: »Sind Sie hungrig? Das einzig Wahre, her mit dem Steak!« Ein Beispiel, wie ein einfacher Satz so programmiert werden kann, daß er eine bestimmte Reaktion hervorruft. Wir sind alle programmiert wie Pawlowsche Hunde.

Bei Pawlows Tierversuchen läutete jedesmal, wenn ein Hund gefüttert wurde, eine Glocke, damit das Tier das Füttern mit dem Läuten der Glocke gleichsetzte. Schon nach kurzer Zeit erzeugte allein das Läuten der Glocke bei dem Hund Speichelfluß, auch wenn er kein Futter bekam.

Wir werden nun untersuchen, wie positive Auslösemechanismen in uns eine Glocke läuten lassen, die uns dazu bringt, ein inneres Erfolgsprogramm in die Tat umzusetzen.

Kontrolle in den Fingerspitzen

Wenn wir uns selbst oder andere programmieren bzw. umprogrammieren wollen, können Auslösemechanismen sehr hilfreich sein. Der Auslöser, der in den »Silva Basic Lecture Series« (BLS) wohl am häufigsten eingesetzt wird, ist die »Dreifingertechnik«. Die Dreifingertechnik wendet man an, um den Abruf von Informationen bzw. das Gedächtnis zu verbessern. Im Abschnitt »Streß und Entspannung« des Silva-Master-Mind-Seminars haben Sie zwei zusätzliche Fingertechniken gelernt, die »Daumennageltechnik« zur augenblicklichen Entspannung und die »Daumenstreichtechnik« zum Abbau von Streß.

Nun lernen Sie, verbale Auslösemechanismen zu programmieren, die augenblicklich Klarheit in Ihre Denkprozesse bringen. Auslösemechanismen tragen dazu bei, daß Sie sowohl privat als auch beruflich eine bessere Lebensqualität erlangen.

Selbstzerstörerische Auslösemechanismen

Es gibt natürlich auch Auslöser negativer Art.

Ärgerliche Kleinigkeiten können Wut auslösen. Streß, Anspannung, falsche Ernährung oder zu wenig Schlaf können Sie zum Explodieren bringen.

Oder Sie hören sich Ihren Lieblingsschlager an, und schon überfällt Sie eine Depression. Traurige Liebeslieder, in denen Liebesbeziehungen zu Ende gehen oder der Verlust einer Liebe besungen wird, können Depressionen oder Niedergeschlagenheit hervorrufen. Sie brauchen nicht einmal aufmerksam zuzuhören, schon die leise Musik im Hintergrund kann negative Gefühle verursachen.

Ein Großteil der Informationen, die wir täglich erhalten, sind negativer Art. Von der beiläufigen Bemerkung über das Wetter bis zu den Berichten in der Tageszeitung werden wir mit negativen Programmen überschüttet. Negative Gedanken aber können Fehlschläge auslösen. Sehen Sie sich Ihr Leben doch an. Wie viele Auslöser erzeugen nur Reaktionen in Ihnen, anstatt Sie zu veranlassen, sich zu besinnen und die Situation richtig einzuschätzen? Überprüfen Sie Ihre Lebensgewohnheiten – Ihre Sprechweise, Ihre Redewendungen. Sagen Sie vielleicht Dinge, die Ihnen und Ihrer Umgebung negatives Verhalten suggerieren? Reinigen Sie Ihre Gedanken und Ihre Ausdrucksweise. Sie werden erstaunt sein, wieviel sich dadurch verändert.

Erfolgreiche Auslösemechanismen

A. *Bedürfnisse.* Die erfolgreichsten Werbekampagnen arbeiten mit Grundbedürfnissen und Ängsten.

B. *Einfachheit.* Ihre Auslösemechanismen sollten einfach sein – etwas, das Sie mehrmals täglich sehen, hören oder tun.

C. *Tiefenprogrammierung.* Die größte Wirkung hat der Auslösemechanismus, wenn er auf der Grundstufe, also im Alpha-Zustand, programmiert wird.

D. *Wunsch, Glaube, Erwartung.* Das sind natürlich die drei Schlüssel zu jedem Erfolg.

Bedürfnis

Das Bedürfnis ist der beste Motivationsfaktor, denn es ist die Mutter der Erfindung. Der Psychologe Dr. George de Sau sagt, daß viele Menschen Erfolg unterbewußt ablehnen; und daß viele nicht die Angst vor einem Fehlschlag davon abhält, erfolgreich zu sein, sondern vielmehr die Angst vor dem Erfolg. Haben Sie ein Bedürfnis nach Erfolg?

Einfachheit

Je einfacher, desto besser! Einige der wirkungsvollsten Auslösemechanismen sind einfache, alltägliche Dinge oder Handlungen. Blinzeln war der erfolgreiche Auslöser von George Maycock, der es ihm ermöglichte, seine Sehkraft wiederzuerlangen. Das Ein- und Ausschalten eines Lichtschalters half einem anderen Kursteilnehmer, sein Gehör zu verbessern. Die Silva-Lehrerin Betty

Perry benutzt Geschwindigkeitsbegrenzungen als Auslöser, um sich daran zu erinnern, daß sie abnehmen und danach ihr Idealgewicht halten muß. Diese einfachen Auslösemechanismen sind sehr effektiv, wenn sie richtig eingesetzt werden.

Tiefenprogrammierung

George Maycock wollte seine Sehkraft verbessern. Das Bedürfnis war sehr groß, denn er war fast blind. Er machte nicht nur regelmäßig Augenübungen, sondern verankerte einen Auslösemechanismus in seinem Gedächtnis, während er sich auf der Grundstufe, also auf der für die Tiefenentspannung wichtigen Alpha-Ebene befand. Sein Auslöser war ein Augenblinzeln. Und er programmierte sich im Alpha-Zustand wie folgt: »Jedesmal, wenn ich mit meinen Augen blinzle, wird sich meine Sehkraft verbessern.« Inzwischen hat Mr. Maycock seine Brille weggeworfen, denn seine Sehkraft ist fast wieder normal. George vervollständigte seine Programmierung durch die drei Erfolgsfaktoren Wunsch, Glaube und Erwartung. Sein Erfolg wurde außerdem noch dadurch beschleunigt, daß er sein Programm in einem tief entspannten Zustand von Körper und Geist eingab.

Seit vielen Jahren versucht man, mit positiven Leitsätzen negative Leitmotive umzuprogrammieren oder gesetzte Ziele zu erreichen. Mit unterschiedlichem Erfolg sagte man sich diese bejahenden Leitsätze immer wieder vor oder schrieb sie immer wieder auf. Das wiederholte Aufschreiben ließ den Leitsatz zwar in tiefere Bewußtseinsschichten eindringen, aber meist nicht tief genug, um schnell und dauerhaft zu wirken.

José Silva war der erste, der die Tiefenentspannung effektiv einsetzte, um das Gehirn umzuprogrammieren. Entspannt man Geist und Körper, öffnet sich die Tür zum inneren Bewußtsein.

Das innere Bewußtsein nannte man früher Unterbewußtsein.

Die Forscher glaubten lange, daß das Unterbewußtsein nicht steuerbar sei. Durch das Absinken in tief entspannte Bewußtseinsschichten gelingt diese Steuerung heute jedoch.

Üben Sie das Tiefenentspannungstraining im Abschnitt »Streß und Entspannung« täglich. Je mehr Sie üben, desto schneller und leichter erreichen Sie diese tiefen Bewußtseinsebenen. Denken Sie immer daran, daß diese Übungen zur Kontrolle Ihres Bewußtseins und damit zum Erfolg führen.

Wunsch, Glaube, Erwartung

Wunsch, Glaube und Erwartung sind die drei Grundpfeiler, ohne die eine effektive Programmierung nicht möglich ist. Seien Sie sich bewußt, daß Sie sich oder andere auch ohne diese drei wichtigen Voraussetzungen programmieren können. Wenn Sie es aber privat wie beruflich zu Glück und Wohlstand bringen wollen, müssen Sie die Grundbegriffe der Programmierung nicht nur wirklich verstehen, sondern auch anwenden. Nur dann werden Sie schnelle Ergebnisse erzielen.

Wunsch

Der Wunsch ist Ihr Motivationsfaktor Nummer eins. Erfolgreiche Programmierung funktioniert wie ein Radiogerät. Solange Sie es nicht einschalten, geschieht auch nichts. Es ist der Wunsch, der den Schalter betätigt.

Aber es besteht ein Unterschied zwischen Wünschen und Wollen. Viele Menschen, Firmen, ja sogar riesige Konzerne »wollen« sich verbessern. Aber nur wenige Menschen bringen den nötigen Einsatz auf, ein negatives Verhaltensmuster zu ändern oder zu beenden. Stellen Sie fest, wie groß Ihr Wunsch ist, indem Sie sich fragen, ob Sie gewillt sind, die erforderliche Arbeit zu leisten, damit Sie das gewünschte Resultat auch tatsächlich erreichen können.

Viele Menschen, die mit einem wirklich großen Problem konfrontiert sind, brechen einfach ihre Zelte ab und machen sich heimlich aus dem Staub. Es ist leicht, nach der Zeitung zu greifen, den Stellenmarkt aufzuschlagen und sich einen neuen Angestellten, eine neue Arbeit, eine neue Firma oder Gesellschaft zu suchen. Wie viele Ehen und Partnerschaften sind in die Brüche gegangen, weil der nötige Einsatz fehlte, sie glücklich zu gestalten? Sie müssen den Wunsch haben, erfolgreich zu sein!

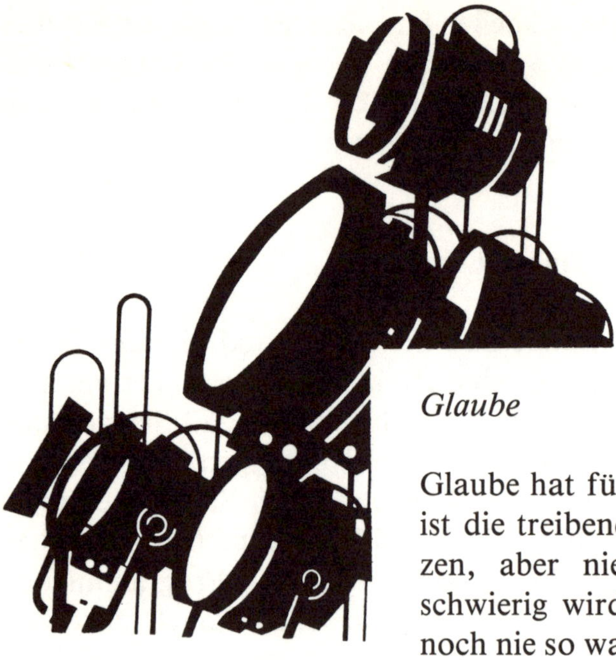

Glaube

Glaube hat für viele etwas fast Mystisches an sich. Er ist die treibende Kraft, die die meisten von uns besitzen, aber nie einsetzen. Das Sprichwort »Wenn's schwierig wird, legen sich die Starken ins Zeug« war noch nie so wahr wie heute. Unsere Welt ist nicht mehr so einfach. Von Tag zu Tag wachsen die Herausforderungen. Der Glaube an eine erfolgreiche Zukunft unserer Welt, unserer Beziehungen und unserer Arbeit ist ausschlaggebend für unseren Erfolg oder Mißerfolg. Der Glaube ist die treibende Kraft auf dem Weg zum Erfolg!

Erwartung

Der *Wunsch* weist uns den Weg, der *Glaube* gibt uns das Durchhaltevermögen und die *Erwartung* bringt uns ans Ziel. Sie müssen erwarten, daß Sie bekommen, was Sie sich wünschen. Wie Sie bereits gelernt haben, müssen Sie Ihrem Gehirn »echte« Bilder bzw. Scheinerfahrungen eingeben, damit es die entsprechenden Veränderungen vornimmt, die dazu nötig sind, Ihre Ziele zu erreichen. Wenn Sie nicht erwarten, erfolgreich zu sein, werden Sie Ihrem Gehirn starke Bilder von Zweifeln senden. Und Ihr Gehirn wird die Bilder Ihrer Scheinerfahrung zur Verwirklichung eines Ziels zurückweisen.

Wenn Sie Ihren Auslösemechanismus programmieren, vergessen Sie also nicht, daß er viel wirkungsvoller sein wird, wenn Sie erwarten, daß er funktioniert.

Die Verinnerlichung der Auslöse- mechanismen

Der letzte Schritt besteht darin, das Gelernte zu wiederholen und die Qualität der Informationseingabe zu verbessern. Wenn Sie einen Auslösemechanismus in Ihrem Gehirn verankern wollen, muß Ihr Verinnerlichungsprozeß vollständig sein, also Sehen, Hören, Riechen, Tasten, Schmecken und Fühlen einbeziehen. Berücksichtigen Sie für Ihre Scheinerfahrung so viele Einzelheiten wie möglich. Die wiederholte Eingabe der Informationen, die für die Programmierung des Auslösemechanismus nötig sind, trägt dazu bei, die jahrelangen negativen Programmierungen zu überwinden. Sie sollten sich auch den Abschnitt »Qualität der Informationseingabe« im Kapitel »Die geistige Aufnahmebereitschaft« noch einmal genau ansehen.

Wenden Sie die obigen Regeln an, setzen Sie sich Ziele, konstruieren Sie sich Auslösemechanismen und lernen Sie, damit umzugehen. Dann sind Sie einen großen Schritt weitergekommen auf Ihrem Weg zu einem besseren Selbstverständnis und einer besseren Welt.

Praktische Beispiele und Erfolgstagebuch

Nachfolgend einige Vorschläge für Auslösemechanismen. Tragen Sie für jeden Auslöser ein anderes Ziel ein.

Konstruktion von Auslösemechanismen

Jedesmal, wenn ich mit den Augen blinzle, werde ich

____

Jedesmal, wenn ich einen Lichtschalter einschalte, werde ich ____

____

Jedesmal, wenn das Telefon läutet, werde ich ______

____

Jedesmal, wenn ich einen Lieferwagen sehe, werde ich

____

Jedesmal, wenn ___________, werde ich__________

____

Jedesmal, wenn ______________, werde ich______

____

Jedesmal, wenn _____________, werde ich _______

____

Jedesmal, wenn ______________, werde ich ______

____

Jedesmal, wenn ______________, werde ich ______

____

Füllen Sie Ihr Erfolgstagebuch für jeden Auslösemechanismus und für jedes Ziel aus.

Erfolgstagebuch

Tragen Sie das Datum, den Auslösemechanismus und das gewünschte Ziel ein__________________________

____

____

Wie oft wurde programmiert?
Tag__________Woche__________Monat__________
Monate ________________

Ergebnisse

____

____

Tragen sie das Datum, den Auslösemechanismus und das gewünschte Ziel ein__________________________

____

____

Wie oft wurde programmiert?
Tag__________Woche__________Monat__________
Monate ________________

Ergebnisse

____

____

Kapitel 6
Erfolg durch effektive Zeiteinteilung: Das Alpha-Zeit-Management

Erfolg durch effektive Zeiteinteilung: Das Alpha-Zeit-Management

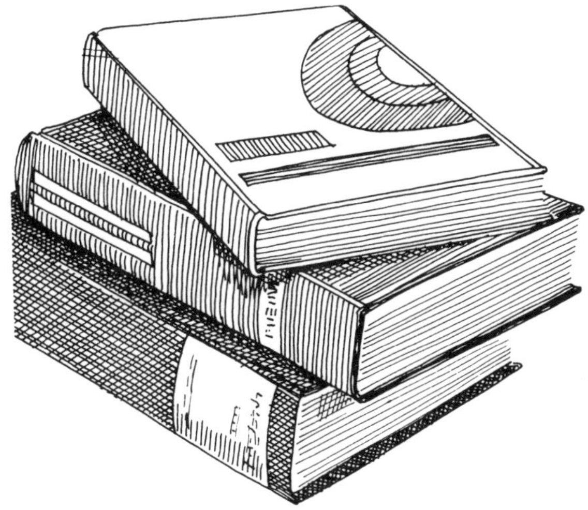

Jeder, der erfolgreich sein will, muß sich seine Zeit gut einteilen. Es stimmt nicht, daß jeder gleich viel Zeit pro Tag zur Verfügung hat. Der Alpha-Zeit-Manager ist deutlich im Vorteil, da sein inneres Bewußtsein nicht von der realen Zeit abhängig ist. Er kann mit weniger Anstrengung und weniger Zeitaufwand Informationen speichern, abrufen und überprüfen.

Die Alphamatic-Technik

Alpha-Zeit-Manager können ihre Effektivität leicht steigern, indem sie jedesmal, wenn sie auf ihre Grundstufe gehen, ein positives Programm bzw. einen positiven Vorsatz eingeben. Diesen Vorgang nennt man »Alphamatic«. Er kann Ihr Leben schnell und mühelos verändern.

Die Alpha-Schnell-Lesetechnik

Ein gutes Beispiel für ein erstrebenswertes Ziel ist das Schnell-Lesen. An einem einzigen Tag können Sie Ihre Lesefähigkeit steigern, und zwar sowohl das Textverständnis als auch die Leseschnelligkeit. Das Alphamatic dafür ist folgendes:

»Ich lese jeden Tag schneller und begreife jeden Tag mehr.«

Während Sie sich dieses Alphamatic dreimal langsam vorsagen, setzen Sie Ihre holographische Verinnerlichungstechnik ein und konstruieren damit eine Scheinerfahrung. Stellen Sie sich vor, wie Sie schneller lesen und mehr begreifen. Wenn Sie dann aus der Grundstufe wieder herausgekommen sind und etwas lesen, zwingen Sie sich, schneller zu lesen. Überlesen Sie alle unbedeutenden Wörter, die Sie aufhalten könnten. Kurz gesagt, lesen Sie schneller. Sie werden erstaunt sein, wie schnell und leicht Sie lesen, wie gut Sie verstehen.

Mit der Alphamatic-Programmierungstechnik können Sie Ihre Leistungen auf allen Gebieten steigern.

Die Tagesplanung des Alpha-Zeit-Managers

Wenn Sie das folgende Verfahren täglich ausführen, werden Sie immer weniger Zeit benötigen, um erfolgreiche Entscheidungen zu treffen.

Morgenprogramm

Niemand würde morgens nackt aus dem Haus gehen. Und genausowenig sollten Sie Ihr Haus geistig nackt verlassen.

Gehen Sie jeden Morgen beim Aufwachen mit der »Drei-Zwei-Eins-Methode« auf die Grundstufe.

Wenn Sie auf Ihrer entspannten Bewußtseinsstufe sind, gehen Sie die Lösungen durch, die Sie im Lauf der Nacht durch Träume oder Einsichten erhalten haben. Klären Sie, ob diese Informationen mit Ihrem Weltbild übereinstimmen.

Kleiden Sie Ihren Geist für den Tag, indem Sie Ihren bevorstehenden Arbeitstag durchgehen. Überdenken Sie Ihre Termine und die Entscheidungen, die Sie heute treffen müssen. Konzentrieren Sie sich auf Bereiche, die Schwierigkeiten bringen könnten. Wenden Sie Ihre holographische Verinnerlichung an und konstruieren Sie damit eine Scheinerfahrung für einen positiven Ausgang dieser Termine bzw. Entscheidungen.

Stellen Sie sich die Bereiche genau vor, die schwierig werden könnten – beinahe so, als ob Sie ein Drehbuch schreiben würden. Entscheiden Sie zuerst, wie die Geschichte ausgehen soll. Stellen Sie sich vor, Sie wären in der Besprechung, und überlegen Sie, welche Gesichtspunkte zur Sprache kommen würden. Der Ausgang steht für Sie fest, also schreiben Sie das Drehbuch entsprechend. Überlegen Sie sich genau, wie das Gespräch verlaufen wird. Planen Sie jede einzelne Frage und jede Antwort. Denken Sie dabei immer an den von Ihnen gewünschten Ausgang. Programmieren Sie ein Alphamatic zur Steigerung Ihrer Fähigkeiten. Wiederholen Sie es dreimal langsam, während Ihre holographische Verinnerlichung einsetzt. Zählen Sie schließlich von eins bis fünf und kommen Sie aus der Grundstufe wieder heraus (siehe Kapitel 2).

Nachmittagsprogramm

Organisieren Sie Ihre Termine nach dem Mittagessen so, daß Sie genügend Zeit haben, auf die Grundstufe zu gehen, bevor Sie weiterarbeiten müssen. Fünf Minuten sind gut, zehn besser, fünfzehn am besten!

Gehen Sie mit Hilfe der »Drei-Zwei-Eins-Methode« auf die Grundstufe und lassen Sie den bisherigen Tag auf Ihrem inneren Bildschirm Revue passieren. Was ist am Vormittag passiert? Wie haben sich die Dinge entwickelt? Gibt es etwas, das Sie lieber anders gehandhabt hätten? Wenn ja, lassen Sie das Ereignis noch einmal innerlich Revue passieren und überarbeiten Sie das Drehbuch. Spielen Sie die Szene im Geist durch, so wie sie nach Ihren Vorstellungen hätte ablaufen sollen. Konstruieren Sie dafür eine Scheinerfahrung. Der letzte Durchgang sollte den von Ihnen gewünschten Erfolg zeigen, damit Sie, wenn Sie in Zukunft mit einer ähnlichen Situation konfrontiert werden, über die richtigen Antworten verfügen. Auf diese Weise speichern Sie eine positive, erfolgversprechende Erinnerung in Ihrem Gehirn.

Stellen Sie sich nun den weiteren Tagesablauf vor.

Lassen Sie jede Besprechung so verlaufen, daß sie für alle Teilnehmer erfolgreich ist.

Programmieren Sie wieder dasselbe Alphamatic zur Steigerung Ihrer Fähigkeiten oder konstruieren Sie ein neues. Wiederholen Sie es dreimal langsam und lassen Sie Ihre holographische Verinnerlichung einsetzen.

Zählen Sie von eins bis fünf und kommen Sie aus der Grundstufe wieder heraus.

Abendprogramm

Bevor Sie einschlafen, entkleiden Sie Ihren Geist, indem Sie den Tag noch einmal überdenken.

Ein ausgeglichener Mensch geht nicht angekleidet zu Bett und genausowenig mit einem belasteten Geist. Um wirklich gut zu schlafen, müssen Sie Ihren Geist entkleiden und die Sorgen und Probleme des Tages verbannen.

Gehen Sie zu Bett, oder setzen Sie sich in einen bequemen Sessel. Begeben Sie sich nun mit der »Drei-Zwei-Eins-Methode« auf die Grundstufe und lassen Sie Ihren Tag Revue passieren. Schenken Sie dabei wieder solchen Bereichen besondere Aufmerksamkeit, die Sie hätten besser handhaben können. Schreiben Sie im Geist ein Drehbuch, eine Scheinerfahrung, wie Sie diese Situation besser meistern könnten. Dadurch prägt sich das neue Szenario Ihrem Gehirn ein und läßt sich in Zukunft jederzeit abrufen.

Programmieren Sie wieder ein Alphamatic zur Steigerung Ihrer Fähigkeiten, indem Sie es dreimal langsam wiederholen und gleichzeitig Ihre holographische Verinnerlichung anwenden.

Machen Sie Scheinerfahrungen mit allem, was Sie sich für die Zukunft wünschen, zum Beispiel mit Ihren Zielen. Vergessen Sie die kleinen Details nicht, damit der Verinnerlichungsprozeß gut verankert wird.

Programmieren Sie sich so, daß Ihnen im Schlaf neue Ideen oder Lösungen für Ihre Probleme kommen.

Diesmal besteht keine Notwendigkeit, aus Ihrer entspannten Bewußtseinsebene wieder herauszukommen. Es ist ja Zeit zu schlafen. Wenn Sie schon im Bett liegen, lassen Sie sich einfach in den Schlaf sinken.

Wenden Sie diese Methode täglich an. Sie werden feststellen, daß Ihr Tag reibungsloser und leichter verläuft. Die Zeit, die Sie dafür investieren, auf die

Grundstufe zu gehen, wird Ihnen Selbstvertrauen und geistige Organisationsfähigkeiten schenken.

Üben Sie diese Technik täglich und werden Sie zum Alpha-Zeit-Manager!

Das »Block-und-Punkte-Programm« als Grundlage eines dynamischen Managements

Mit dem folgenden, beinahe mechanischen Vorgang können Sie erstaunliche Resultate erzielen, obwohl er sehr einfach ist. Er wird Ihnen Selbstvertrauen im Umgang mit anderen geben. Wenden Sie ihn gleich an und steigern Sie Ihren Einfluß in allen persönlichen und beruflichen Beziehungen.

Bevor Sie sich mit jemandem treffen oder einen Termin wahrnehmen, notieren Sie sich auf einem Notizblock die Punkte, die Sie zur Sprache bringen wollen.

Es klingt so einfach, und das ist es auch! Dennoch nehmen sich nur sehr wenige Menschen die Zeit, Ihre Gedanken zu ordnen. Die erstaunliche Wirkung des »Block-und-Punkte-Programms« wird Sie verblüffen.

Das »Block-und-Punkte-Programm« für den Angestellten

Das »Block-und-Punkte-Programm« wirkt Wunder bei Ihrem Chef! Die meisten Vorgesetzen haben während der Arbeitszeit alle Hände voll zu tun und werden leicht ungeduldig mit Leuten, die einfach in ihr Büro kommen, um »irgendwelche Dinge zu besprechen«.

Wenn Sie Ihren Chef das nächste Mal sprechen müssen, gehen Sie zuerst auf die Grundstufe, entspannen Sie sich und überdenken Sie dann alles, was Sie ihm sagen wollen. Ordnen Sie Ihre Gedanken und schreiben Sie im Geist die Punkte auf, die besprochen werden müssen.

Programmieren Sie, wie Sie möchten, daß die Besprechung zwischen Ihnen und Ihrem Chef verläuft. Machen Sie damit eine Scheinerfahrung. Öffnen Sie dann die Augen und notieren Sie die Punkte tatsächlich, die Sie eben im Geist durchgegangen sind.

Und nun gehen Sie, den Notizblock in der Hand, zu Ihrem Chef, halten den aufgeschlagenen Block mit den numerierten und eingekreisten Punkten in die Höhe und sagen zu ihm: »Ich möchte (Anzahl der Punkte) Punkte mit Ihnen durchsprechen, wenn Sie Zeit haben.« Das wirkt wahre Wunder!

Jeder Vorgesetzte, wie beschäftigt er oder sie auch sein mag, wird versuchen, ein paar Minuten zu erübrigen, wenn er sieht, daß Sie das Problem bis zu dem Punkt durchdacht haben, an dem eine Entscheidung getroffen werden muß.

Die meisten Angestellten wenden sich an ihren Chef um Hilfe, ohne selbst einen einzigen Vorschlag einzubringen oder eine konstruktive Frage zu stellen, die ihm oder ihr bei der Entscheidungsfindung behilflich sein könnten. Sie platzen einfach mit ihrem Problem heraus:

»Das Schreiben mit der neuen Planung sollte bald rausgehen. Was machen wir damit?«

Das »Block-und-Punkte-Programm« zeigt, daß Sie die Situation im Griff haben. Vor allem aber hat Ihr Chef etwas Konkretes vor sich und kann Ihre Vorschläge zur Problemlösung besser einordnen und beurteilen. Sie bekommen Schwung in die Sache, was Ihre Effektivität steigert und Sie von anderen Angestellten unterscheidet. Außerdem sind Sie dadurch im Büro Ihres Chefs immer willkommen. Das Block-und-Punkte-Programm hat seinen Anwendern sehr oft zu Aufstieg und Beförderung verholfen.

»Block-und-Punkte« für den Chef

Führen Sie kein Telefongespräch ohne »Block-und-Punkte«. Tätigen Sie keinen Anruf, ohne vorher die Punkte zu notieren, die Sie besprechen wollen. Ordnen Sie zuerst Ihre Gedanken, gleichgültig, ob es sich um ein persönliches oder ein berufliches Telefonat handelt. Wenn Sie Ihre Gedanken aufschreiben, nachdem Sie in die Grundstufe gegangen sind, fassen Sie alles zusammen, was Sie mit diesem Anruf erledigen wollen. Ihr ganzes Verhalten verändert sich, wenn Sie – das »Block-und-Punkte-Programm« vor sich – ein Telefongespräch führen.

Sie sind gut organisiert und Sie wissen es. Ihr Gesprächspartner spürt, daß Sie die Sache fest im Griff haben, und wird dadurch interessierter und aufgeschlossener. Außerdem spart dieses Programm Zeit und Geld und bringt Sie nicht in die peinliche Lage, noch einmal anrufen zu müssen, weil Sie etwas vergessen haben.

Briefe schreiben mit »Block-und-Punkten«

Nehmen Sie Ihr »Block-und-Punkte-Programm« zu Hilfe, bevor Sie einen persönlichen oder einen Geschäftsbrief formulieren.

Gehen Sie auch hier wieder auf die Grundstufe und machen Sie sich im Geist ein Konzept für den Brief. Formulieren Sie ihn innerlich. Stellen Sie sich vor, wie Sie an Ihrem Schreibtisch sitzen und ihn entweder mit der Hand schreiben oder auf Ihrer Schreibmaschine bzw. Ihrem Computer tippen. Sie könnten natürlich auch so tun, als diktierten Sie Ihrer Sekretärin den Brief.

Kommen Sie dann aus der Grundstufe wieder heraus, indem Sie von eins bis fünf zählen, und schreiben, tippen oder diktieren Sie den Brief tatsächlich, wie Sie ihn im Geist vorformuliert haben.

Entscheidungsfindung mit »Block-und-Punkten«

Das »Block-und-Punkte-Programm« kann auch bei der Entscheidungsfindung eine große Hilfe sein.

1. Schritt: Erkennen Sie das Problem

Diesmal müssen Sie den Dingen wirklich auf den Grund gehen. Damit Sie genügend Informationen haben, um das Problem in seiner Gesamtheit zu erfassen, sammeln Sie alle relevanten Daten, über die Sie verfügen, und schreiben Sie sie auf Ihren Notizblock. Denken Sie an alle möglichen Informationen wie Meinungen, Verhaltensweisen, Fakten usw., damit Sie das Problem von allen Seiten betrachten können.

So viele Informationen wie möglich sollten aus erster Hand sein. Ob absichtlich oder nicht, die Leute neigen dazu, auch wichtige Fakten zu verzerren oder ganz wegzulassen. Versuchen Sie, Ihre Informationen durch eine zweite Quelle bestätigen zu lassen und notieren Sie den Namen Ihrer Informanten neben dem entsprechenden Punkt auf Ihrem Notizblock.

Manchmal entpuppt sich das, was wie ein einziges Problem aussieht, zu zwei oder mehreren. Obwohl es wahrscheinlich notwendig ist, daß Sie für jedes Teilproblem eine eigene Lösung finden, sollten Sie dabei berücksichtigen, daß diese Lösungen einander ergänzen müssen.

2. Schritt: Mögliche Handlungsweisen

Alle erdenklichen Handlungsweisen sollten so kurz wie möglich auf Ihrem Notizblock aufgelistet werden. Vergessen Sie nicht, auch die Gedanken anderer zu notieren, sozusagen als gedachte Vorstandsmitglieder bei Ihren innerlichen Brainstorming-Konferenzen.

3. Schritt: Listen Sie die Konsequenzen jeder einzelnen Handlungsweise auf

Überlegen Sie sich, zu welchen möglichen Ergebnissen jede einzelne Handlungsweise führen könnte. Notieren Sie möglichst genau die erforderlichen Kosten und Veränderungen.

4. Schritt: Entscheiden Sie sich für eine Lösung und führen Sie diese durch

Sobald Sie sich für eine Lösung entschieden haben, bleiben Sie konsequent dabei. Achten Sie genau auf jede Einzelheit bei der Durchführung und überprüfen Sie in regelmäßigen Abständen, ob alles so abläuft, wie Sie es geplant haben.

Anfangs werden Sie das Gefühl haben, daß diese vier Schritte Ihren Entscheidungsprozeß verlangsamen. Aber schon nach kurzer Zeit und mit einiger Übung wird sich das »Block-und-Punkte-Programm« weitgehend automatisieren. Sie werden Probleme effizienter und zuverlässiger lösen, wie es sich für einen Alpha-Block-und-Punkte-Manager gehört.

Anwendung

Wenn Sie das »Block-und-Punkte-Programm« in die Praxis umsetzen, werden Sie noch viele andere Anwendungsmöglichkeiten finden. Wenden Sie diese Technik zehn Tage lang an. Das wird Ihr Selbstbewußtsein sehr schnell steigern, Ihnen eine neue Dynamik verleihen und Ihnen einen bisher nicht bekannten Einfluß in allen Ihren Beziehungen bringen.

Fünf Tips zum Gebrauch des »Block-und-Punkte-Programms«

1. Versuchen Sie, stets einen Block in Reichweite zu haben, vielleicht einen kleinen an jedem Telefon, einen großen auf Ihrem Arbeitstisch und einen neben dem Sessel, in dem Sie sich ausruhen.

2. Notieren Sie oben auf dem Blatt, worauf Sie bei diesem Kontakt bzw. bei dieser Kontaktperson hinauswollen – also das Ziel, wofür Sie diese Technik anwenden.

3. Gehen Sie auf die Grundstufe und gehen Sie schnell alle Punkte auf Ihrem Block durch, bevor Sie Ihren Gesprächspartner treffen. Auf Ihrer entspannten Bewußtseinsebene fallen Ihnen vielleicht noch einige Punkte ein. Schreiben Sie sie auf, sobald Sie von eins bis fünf gezählt haben und wieder aus der Grundstufe herausgekommen sind.

4. Während des Gesprächs halten Sie sich genau an Ihre Aufzeichnungen. Möglicherweise wissen Sie alle Punkte auswendig, sehen Sie aber trotzdem auf der Liste nach. Das gehört zu dem Image, das Ihren Gesprächspartner beeindrucken wird.

Die Wirksamkeit des Programms – Eine Zusammenfassung beispielhafter Situationen

1. Sie haben eine Besprechung mit Ihrem Chef.
2. Sie kaufen ein Haus, ein Boot, ein Auto oder schließen eine Lebensversicherung ab.
3. Sie sprechen mit dem Lehrer Ihrer Kinder.
4. Sie brauchen einen Kredit von Ihrer Bank.
5. Ein Handwerker repariert etwas an Ihrem Haus.
6. Sie sind beim Arzt oder Zahnarzt.
7. Sie rufen jemanden an.
8. Sie testen einen Angestellten.
9. Sie leiten eine Sitzung.
10. Sie verkaufen etwas oder bewerben sich für eine neue Stellung.
11. Sie bringen Ihr Auto zur Reparatur.
12. Sie sprechen mit einem Familienmitglied.
13. Sie organisieren einen Ausflug, eine Party oder ein Seminar.
14. Sie schreiben einen Brief.

Benutzen Sie das »Block-und-Punkte-Programm« bei jeder Gelegenheit. Sie werden von Mal zu Mal besser werden. Aufmerksamkeit, Bereitschaft zur Zusammenarbeit und Respekt sind Ihnen sicher.

Ein Beispiel für das »Block-und-Punkte-Programm«

Mr. Shields, Leiter der Versandabteilung, ordnet seine Gedanken vor einer Besprechung mit seinem Chef Mr. Albert, dem Vizepräsidenten der Firma.

1. *Kontaktperson:* Mr. Albert

2. *Ziel:* Mr. Alberts Zustimmung für einen neuen Versandkarton, der den Bruch im Transitversand reduzieren soll.

Besprechungspunkte:

1. Der Bruch beträgt 8 % – extrem hoch.
2. Das Problem liegt beim Karton – harter »Bienenwaben«-Karton müßte verwendet werden.
3. Haben den neuen Karton getestet – ihn zu Boden geworfen, an die Wand geschleudert, aber kein Bruch.
4. Haben neuen Karton bei 100 Probesendungen getestet. Kein Problem bei der Verpackung, keine Rücksendungen wegen Bruchs.
5. Der Karton kostet pro Stück zwei Cents mehr.
6. Wir sparen $ 800,– pro Woche und noch einiges mehr an Anschlußkosten und Versicherungsprämien. Hinzu kommt das bessere Ansehen der Firma.
7. Schlage vor, die restlichen alten Kartons wegzuwerfen.
8. Neue Kartons können in zehn Tagen im Haus sein.
9. Schlage vor, 100 000 Stück zu bestellen.
10. Falls Mr. Albert Vorschlag akzeptiert, Vorschlag sofortige Umstellung auf neuen Karton und sofortige Bestellung.

Ergebnis: Mr. Albert hat meine Angaben in meinem Beisein mit Einkauf und Buchhaltung überprüft. Sie haben meine Zahlen und Angaben bestätigt. Mr. Albert hat mich beauftragt, die Umstellung vorzunehmen.

Vordruck »Block- und Punkte-Programm«

(kann vervielfältigt werden)

Datum ____________

Kontakt: ______________________________________
Ziel: ______________________________________
____
____

Besprechungspunkte:

1.

2.

3.

4.

5.

6.

7.

8.

9.

10.

Ergebnisse ____________________________________
____

Ablage für späteren Gebrauch

Kapitel 7
Fremdprogrammierung: Beeinflussung und Steuerung unserer Mitmenschen

Fremdprogrammierung: Beeinflussung und Steuerung unserer Mitmenschen

Mentale Kommunikation und Fremdprogrammierung waren lange umstritten. Wenn wir die neuesten Techniken der Gedankensteuerung erlernen wollen, müssen wir uns zuerst mit den Möglichkeiten der mentalen Kommunikation befassen, den sogenannten PSI-Fähigkeiten. Sehen wir uns einige Forschungsergebnisse näher an, die beweisen, daß diese Form der mentalen Programmierung nicht nur möglich, sondern auch äußerst effektiv ist.

Beweise für die Fähigkeit zur mentalen Kommunikation (PSI)

Wohl die bekannteste Reihe übersinnlicher Experimente wurde in den zwanziger Jahren von Dr. J. B. Rhine im Laboratorium für Parapsychologie an der Duke Universität, Durham, North Carolina, USA, durchgeführt. Bei diesen überprüften Experimenten wurden Personen aller Gesellschaftsschichten eingesetzt, die speziell für diese Experimente entwickelte Karten erraten mußten.

Das »Kartenspiel« bestand aus 25 Karten, von denen je fünf dasselbe Symbol hatten, nämlich Stern, Wellenlinie, Kreis, Viereck und Kreuz.

Durch eine Wand voneinander getrennt, die ein zufälliges Sehen unmöglich machte, führten je zwei Teilnehmer ein Experiment durch. Die Karten wurden sorgfältig gemischt. Der »Sender« betrachtete und konzentrierte sich dann auf die oberste Karte und versuchte, dem »Empfänger« das Symbol mental zu übermitteln. Der Empfänger rief schließlich das Symbol aus, das ihm als erstes in den Sinn kam.

Dieser Vorgang wurde wiederholt, bis alle 25 Karten zum Einsatz gekommen waren. Sehr oft erriet der Empfänger fast alle 25 Karten richtig. Von derselben

Forschungsgruppe wurden in mehr als dreißig Jahren tausende solcher Tests durchgeführt. Das Endergebnis lag weit über der Zufallsquote, was beweist, daß PSI-Fähigkeiten tatsächlich existent sind.

Distanz-Sehen – Eine mentale Fähigkeit

Anfang der siebziger Jahre bewiesen die Forschungsergebnisse von Dr. Harold Puthoff und Dr. Russell Targ, daß diese Art der außersinnlichen Wahrnehmung tatsächlich existiert. Sie erforschten das Distanz-Sehen, also den Erhalt von Informationen auf mentalem Wege, obwohl man sich an einem anderen Ort befindet als der Sender.

Der Physiker Puthoff und der Laser-Experte Targ führten eine Testreihe durch, bei der sich ein Teilnehmer, der sogenannte »Sender«, an einen geheimen Ort begab. Ein zweiter Teilnehmer an dem Experiment, der »Empfänger«, blieb im Laboratorium. Zu einer festgesetzten Zeit wurde der Empfänger angewiesen, sich zu entspannen, die Augen zu schließen und sich vorzustellen, was der Sender sah. Dann wurde der Empfänger aufgefordert zu beschreiben, was der Sender gesehen hatte. Die Beschreibungen stimmten verblüffend genau.

Sechzig überprüfte Experimente wurden mit »bekannten« Medien durchgeführt, ebenso mit staatlichen Wissenschaftlern und anderen Beamten, die im Laboratorium zu tun hatten und gebeten wurden, versuchsweise als Empfänger zu fungieren. Obwohl natürlich die erfahrenen Medien die besten Resultate erzielten, waren die Ergebnisse bei den meisten freiwilligen Testteilnehmern ebenfalls gut. Die Experimente ergaben, daß wir offensichtlich alle PSI-Fähigkeiten besitzen und diese angeborene Gabe durch Übung fördern können.

Dieses mit großem Einsatz durchgeführte Forschungsprojekt erregte schließlich das Interesse der US-Regierung, wurde von ihr bezuschußt und im Stanford-Forschungsinstitut weitergeführt. Die Ergebnisse werden jedoch bis heute streng geheimgehalten. Gerüchte kursieren, daß die Regierung vor kurzem Distanz-Sehen eingesetzt hat, um Terroristen ausfindig zu machen und eine entführte Geisel zu befreien. Entspricht dieses Gerücht der Wahrheit, so wäre der nächste Schritt, ein Ereignis vorauszusagen, bevor es geschieht, um Blutvergießen und Unglück vorzubeugen.

In den Vereinigten Staaten wurde das Distanz-Sehen außerdem von Dr. Merilyn Schitz vom Institut für Parapsychologie, Durham, North Carolina, und Dr. Robert Jahn von der Princeton Universität erforscht. Beide Wissenschaftler kamen ebenfalls zu positiven Resultaten.

Auch Sie können an einem Experiment über Distanz-Sehen teilnehmen

Ein Experiment zum Distanz-Sehen

In der »mvg-Moderne Verlagsgesellschaft« in Landsberg in Süddeutschland liegt in einem versiegelten Umschlag ein Foto des Autors dieses Buches. Ihre Aufgabe bei diesem Test wäre, den Mann auf dem Foto zu beschreiben.

Während der Frankfurter Buchmesse wird dieser versiegelte Umschlag alljährlich geöffnet, und das Foto mit den Zeichnungen verglichen, die von den Lesern dieses Buches eingesandt wurden. Die Ergebnisse werden dann in der Presse bekanntgegeben.

Was Sie für das Distanz-Sehen benötigen

Sie brauchen ein unliniertes Din-A4-Blatt, einen Füller mit schwarzer Tinte oder einen schwarzen Filzstift und einen Briefumschlag, der größer ist als das Din-A4-Blatt. Diesen Umschlag senden Sie bitte an mvg-Moderne Verlagsgesellschaft, Postfach 1761, D-8910 Landsberg am Lech. Schreiben Sie mit schwarzer Tinte oder schwarzem Filzstift in Großbuchstaben »PSI-EXPERIMENT« auf die linke Seite des Umschlags. Legen Sie einen frankierten, mit Ihrer Adresse versehenen Rückumschlag bei, falls Sie das Resultat des Experiments erfahren möchten.

Wie Sie das Foto »sehen« können

Die Forschung hat ergeben, daß die besten Resultate auf einer entspannten Bewußtseinsebene erzielt werden. Daher empfehlen wir Ihnen, mit José Silvas »Drei-Zwei-Eins-Methode« auf die Grundstufe zu gehen und anschließend die Entspannungsübung von zehn bis eins durchzuführen (siehe Kapitel 2).

Stellen Sie sich nun auf dieser entspannten Bewußtseinsebene vor, wie Sie das Foto in dem versiegelten Umschlag erahnen, sehen oder wahrnehmen. Gewöhnlich ist der erste Eindruck der beste. Sobald Sie eine Vorstellung von dem Foto haben, nehmen Sie Ihre Feder mit der schwarzen Tinte oder Ihren schwarzen Filzstift zur Hand und zeichnen Sie Ihre Eingebung oder Ihre Wahrnehmung auf das Din-A4-Blatt. Sie können abstrakt oder konkret zeichnen, genau oder flüchtig. Kümmern Sie sich nicht um Ihre künstlerischen Fähigkeiten. Wir erwarten nur ein Symbol, einen Eindruck oder eine Idee von dem, was Sie glauben, daß das Foto darstellt.

Vergessen Sie nicht, Ihre Zeichnung mit Datum und Unterschrift zu versehen und auf die Rückseite Ihren Namen und Ihre Adresse zu schreiben.

Da die Ergebnisse dieses Projekts der Presse bekanntgegeben werden, setzen wir voraus, daß alle Projektteilnehmer, die uns eine unterschriebene Zeichnung einsenden, damit einverstanden sind, daß wir ihre Zeichnung und ihren Namen in jeder Verbindung mit diesem Buch und/oder dem Forschungsprojekt »Distanz-Sehen« verwenden. Bitte teilen Sie uns schriftlich mit, falls Sie – aus welchem Grund auch immer – nicht möchten, daß wir Ihre Zeichnung und Ihren Namen verwenden.

Ihre Zeichnung muß bis spätestens 15. September eines jeden Jahres bei der »Modernen Verlagsgesellschaft« eingetroffen sein, um bei dem Experiment des jeweiligen Jahres noch berücksichtigt werden zu können. Ab dem 15. September eines jeden Jahres wird bei dem Verlag ein neues Foto in einem versiegelten Umschlag bereitliegen.

Vergessen Sie nicht, einen frankierten, mit Ihrer Adresse versehenen Briefumschlag beizulegen, wenn Sie möchten, daß wir Ihnen die Ergebnisse des Experiments über Distanz-Sehen zukommen lassen.

PSI und Gewinne auf dem Silbermarkt

Um die vielseitigen Einsatzmöglichkeiten der Fremdprogrammierung zu demonstrieren, schloß sich Dr. Targ mit dem Psychologen Keith Harary und dem Kunsthändler Anthony White zusammen und gründete die »Delphi Associates, California«. Delphis Ziel war es, mit Hilfe von PSI-Fähigkeiten die Silberpreise vorherzusagen und so erfolgreich auf dem Silbermarkt zu investieren.

Harary, der als Empfänger oder Medium fungierte, machte hintereinander neun richtige Vorhersagen. Die Chance, daß dies ein Zufall war, steht 1 : 50 000. Die gemeinsamen Sitzungen verhalfen der Gruppe zu einem Reingewinn von $ 120.000. – .

Im Sommer 1987 führte Russell Targ, der inzwischen als angestellter Laser-Forscher für »Lockheed Aircraft« arbeitete, ein zweites Projekt zur Vorhersage von Silberpreisen durch. Von 52 Vorhersagen über die Entwicklung des Silbermarktes waren 35 richtig. Der bei diesem letzten Experiment erzielte Gewinn wurde uns nicht mitgeteilt.

PSI und Träume

Ein anderes aufregendes Forschungsprojekt wurde im »Maimonides Medical Center« in Brooklyn, New York, durchgeführt. Im »Traumlabor« des Maimonides Medical Centers wurde ein Großteil der berühmten Traumforschung getätigt, die Dr. Stanley Krippner leitete.

Dr. Montague Ullman, ein New Yorker Psychologe, der mit Dr. Krippner im Traumlabor arbeitete, konnte eine Reihe von Experimenten durchführen, die José Silvas Forschungsergebnisse bestätigten – nämlich, daß wir geistig leicht beeinflußbar sind, wenn wir träumen. Dr. Ullman fand bei seinen Traumanalysen heraus, daß einige seiner Patienten unbewußt seine persönlichen Gedanken und Handlungen in ihre Träume aufnahmen. Er führte folgende Experimente durch: Dr. Ullman richtete drei Räume für seine Experimente ein. Im ersten Raum befanden sich ein Bett und elektronische Aufzeichnungsgeräte wie ein Mikrophon, Lautsprecher, ein EEG-Gehirnwellen-Meßgerät sowie Geräte zum Messen der Atemgeschwindigkeit und der Augenbewegungen (REM) des Schlafenden. Im zweiten Raum standen die Überwachungsgeräte, mit deren Hilfe die Wissenschaftler die Ergebnisse überprüfen und aufzeichnen konnten. Der dritte Raum war schalldicht und verfügte über einen Aktenschrank, in dem sich Kopien vieler klassischer Kunstwerke in versiegelten Umschlägen befanden. Außerdem war dieser Raum noch mit einem Tisch, einem Stuhl und einem Signalgerät – ähnlich einer Türglocke – ausgestattet.

Die Tests wurden nach einem streng wissenschaftlichen Protokoll durchgeführt.

Nachdem man den Empfänger an die Aufzeichnungsgeräte angeschlossen hatte, wurde er gebeten, sich zu entspannen und einzuschlafen.

Während der Schlafende/Empfänger allmählich in entspanntere Bewußtseinsebenen absank und einschlief, betrat der Sender den dritten Raum, setzte und entspannte sich und wartete auf das Signal der Wissenschaftler. Sobald der Schlafende/Empfänger seine erste Traumphase erreicht hatte, registrierten die Wissenschaftler Veränderungen auf ihren Überwachungsgeräten: Die Atemgeschwindigkeit sank, der Gehirnwellen-Rhythmus fiel auf die Alpha-Ebene ab, also zwischen sieben und vierzehn Zyklen pro Sekunde, und die REM-Bewegungen setzten ein. Nun erhielt der Sender im dritten Raum das Signal, den Aktenschrank zu öffnen und aufs Geradewohl einen versiegelten Umschlag herauszuziehen. Der Sender kehrte zu seinem Stuhl zurück, öffnete den Umschlag, entnahm ihm das Bild und übermittelte es mental dem Schlafenden/Empfänger.

Zu Beginn der Experimente war niemand sicher, wie diese Bilder übermittelt werden sollten. Der Sender versuchte sich vorzustellen, wie er das Bild kommunizierte, ließ sich emotional auf das Thema des Bildes ein und versuchte, seine Empfindungen und gleichzeitig das Bild zu übermitteln. Spätere Tests ergaben, daß Bilder, die eine bestimmte, starke Emotion hervorriefen, z.B. ein Glücksgefühl oder Traurigkeit, leichter zu empfangen waren.

Der Sender übermittelte dem Schlafenden/Empfänger das Bild so lange weiter, bis er das zweite Signal erhielt. Nun entspannte sich der Sender und wartete auf das nächste Signal, das ertönte, sobald der Empfänger die Traumphase beendet hatte (was die Wissenschaftler durch eine Änderung der Atemgeschwindigkeit, der Gehirnwellenaktivität und der REM-Bewegungen feststellen konnten).

Der Schlafende/Empfänger wurde dann mit Hilfe des Mikrophons aufgeweckt und gebeten, seinen Traum zu erzählen, der auf Band aufgezeichnet wurde. Danach durfte er weiterschlafen, und der Vorgang wurde wiederholt: Träumen, Übermitteln des Bildes und Aufzeichnen des Traums.

Am Ende jeder Woche wurden die Bilder und die Aufzeichnungen der Träume einer unparteiischen Expertengruppe vorgelegt, die sieben von zehnmal die entsprechenden Träume zu den Bildern vorfand. Diese erfolgreichen Experimente liefen über mehr als fünf Jahre.

Die Ergebnisse dieser Forschungsarbeit wurden in dem Buch »Dream Telepathy« von Dr. Krippner und Dr. Ullman veröffentlicht, das bei Penguin Press erschienen ist.

Kritik und Mißbrauch

Diese jahrelangen überprüfbaren und überprüften wissenschaftlichen Versuche müßten eigentlich auch den größten Skeptiker überzeugen. Dennoch beharren viele darauf, daß es keine Beweise für übersinnliche Phänomene gibt.

Warum stoßen die PSI-Fähigkeiten auf soviel Abwehr? Worauf ist dieser Widerstand zurückzuführen?

Die Macht der Massenmedien

In Presse, Rundfunk und Fernsehen ist viel Negatives über außersinnliche Wahrnehmungen geschrieben und gesagt worden. Ein Teil dieser Informationen entspricht auch der Wahrheit, denn ebenso wie in allen anderen Bereichen gibt es auch hier unmoralische Menschen, die betrügen und Unwissenheit ausnützen. Innerhalb der schnell wachsenden New-Age-Bewegung gibt es sicherlich mehr als genug Betrüger, und es ist traurig, daß die Ehrlichen mit den Betrügern in einen Topf geworfen werden. Leider sind unsere Journalisten manchmal voreingenommen und oft falsch informiert über die wissenschaftliche Grundlage der übersinnlichen Phänomene.

Einige Journalisten gehen den Weg des geringsten Widerstandes und übernehmen einfach die Meinung einer »Autorität«. Zum Beispiel erregte ein alternder Zauberkünstler im amerikanischen Fernsehen und in der amerikanischen Presse viel Aufmerksamkeit, als er behauptete, daß noch niemand den Beweis für echte PSI-Fähigkeiten erbracht hätte, er aber in der Lage sei, ähnliche Ergebnisse mit Hilfe von Zaubertricks zu erreichen. Obwohl diese Aussage nur ein Bluff war, um den Namen dieses Zauberkünstlers bekanntzumachen, gewährte eine gutgläubige Gesellschaft diesem Scharlatan in bester Absicht einen Zuschuß von mehreren hunderttausend Dollar, damit er den Beweis erbringt, Menschen mit übernatürlichen Kräften seien Betrüger. Es wird nicht lange dauern, bis der mit neuem Kapital ausgerüstete Scharlatan mit einem weiteren Paket effektvoller »Enthüllungen« in den Medien aufwartet.

Voreingenommene Berichterstattung

In anderen Fällen wieder erzeugen die Medien selbst die Irreführung. Vor kurzem erfuhr ich, daß der Wissenschaftsjournalist und Kolumnist für mathematische Spiele der Zeitschrift »Scientific America« ein von der NASA unterstütztes PSI-Projekt kritisiert hatte. Er behauptete fälschlich, daß die Teilnehmer an den Experimenten ihre Bandaufzeichnungen mit erfolglosen Versuchen vernichtet und nur die gelungenen ausgehändigt hätten. Später vertraute er einem Kollegen an, daß er diese Behauptung einfach erfunden habe, »denn anders kann es ja gar nicht gewesen sein«. Daraufhin wurde er eingeladen, in einer öffentlichen Diskussion über seine Anschuldigungen zu sprechen, was er jedoch mit der Begründung ablehnte, nicht genug über PSI-Experimente zu wissen und über dieses Thema nicht auf dem laufenden zu sein.

»PSI-Polizei« unterschlägt Beweismaterial und fälscht Tests

Eine Gruppe organisierter Kritiker vom »Scientific Investigation of the Claims of the Paranormal«, die sogenannte »PSI-Polizei«, die sich angeblich zusammengeschlossen hatte, um uns vor PSI-Mißbrauch zu schützen, wurde dabei ertappt, wie sie versuchte, die Statistiken ins Negative zu verfälschen, nachdem ihre Untersuchungen unerwarteterweise positive Resultate ergeben hatten. Sie wurde entlarvt, als eines ihrer Mitglieder der Presse Beweismaterial der Irreführung übergab.

Ein anderer ehemaliger PSI-Polizist enthüllte der Presse, daß zwei Mitglieder der PSI-Polizei versucht hatten, die Experimente im McDonnell Forschungslaboratorium der Universität Washington zu vereiteln.

Sie versuchten, die PSI-Forschung in Verruf zu bringen, indem sie sich als Medien anboten und die Wissenschaftler dann bei jeder Gelegenheit irreführten.

Aus diesen Beispielen können Sie ersehen, wieweit einige Leute bzw. Organisationen gehen, um ehrliche PSI-Forschung zu diskriminieren.

In jüngster Zeit konnten wir jedoch feststellen, daß die Berichterstattung über PSI-Phänomene objektiver geworden ist. Möglicherweise läßt dies auf eine Bewußtseinsänderung hinsichtlich übernatürlicher Fähigkeiten in uns Menschen schließen. Zumindest sind die Entdeckungen der Schauspielerin Shirley McLaine auf weltweites Interesse gestoßen, und wir erleben einen Verkaufsboom von New-Age-Büchern und -Cassetten.

Vielleicht hat die neue Ära der Öffnung des menschlichen Geistes hin zu seinen wahren Fähigkeiten schon begonnen.

PSI und Religion

Es ist bekannt, daß einige Religionen PSI-Fähigkeiten ablehnen, wahrscheinlich, weil die Vorhersage von Ereignissen, die in der Zukunft geschehen, der Weissagung der Propheten zu nahekommt. Diese Haltung erinnert an eine interessante Episode in der Geschichte der Mayas. Die Hohepriester der Maya-Kultur hatten das arbeitsparende Rad längst entdeckt und setzten es auch ein. Für den gewöhnlichen Maya aber war die Benützung des Rades eine »Sünde« und deshalb verboten.

PSI und die Großunternehmer

Der Einsatz von Fremdprogrammierung im Geschäftsleben ist ein streng gehütetes Geheimnis von Top-Managern. Aus Beiträgen, die in letzter Zeit in der »New York Times«, dem »Wall Street Journal« und dem »U.S. News and World Report« erschienen sind, ging hervor, daß die fünfhundert größten Gesellschaften in den USA die Methode der Fremdprogrammierung und andere übersinnliche Techniken einsetzen.

Der Einsatz der Fremdprogrammierung

Absolventen dieses Seminars berichteten uns, daß sie die Silva-Fremdprogrammierungstechnik erfolgreich eingesetzt haben, um:

- Nahestehende Menschen von Drogen- und/oder Alkoholabhängigkeit zu befreien.
- Schlechte, langweilige Ehen neu zu beleben.
- Neue, glückliche persönliche und geschäftliche Beziehungen zu knüpfen.
- Den richtigen Partner zu finden.
- Einen neuen Geschäftspartner oder Geldgeber zu finden.
- Ein Geschäftsmann aus Florida wandte diese Technik an, um sein Einkommen mit seinem Hobby aufzubessern.
- Ein Kalifornier setzte diese Programmierungstechnik beim erfolgreichen Start seiner neuen Firma ein.
- Eine Gesellschaft in Cleveland, Ohio, vervielfachte damit ihren Umsatz in einem einzigen Monat.
- Das sind nur einige wenige Beispiele, wie die Silva-Fremdprogrammierungstechnik auf der ganzen Welt mit Erfolg angewandt wurde. Überlegen Sie, wie Sie selbst Ihr Leben mit Hilfe dieser Technik verbessern können und finden Sie neue Lösungen!

Unsere Technik der Fremdprogrammierung basiert auf José Silvas Forschungsergebnissen. Er führte seine Programmierungsversuche anfangs an seinen Kindern durch, wie seine frühe Forschung überhaupt. Dr. Silva beobachtete, daß zwischen Mutter und Kind eine starke mentale Übereinstimmung bestand. Weitere Forschungen überzeugten ihn, daß diese Übereinstimmung auch zwischen Vater und Kind existierte. Das Programm war ursprünglich gegen Bettnässen und Daumenlutschen gedacht und wird in den »Silva Basic Lecture Series« auch heute noch gelehrt.

Nachdem Dr. Silva seine Experimente abgeschlossen hatte, war er überzeugt, daß wir mental miteinander kommunizieren können, und zwar nicht nur mit uns nahestehenden Personen. Alles, was man nach José Silvas Meinung dazu braucht, ist Zuneigung und Verständnis für den Menschen, mit dem man mental kommunizieren will.

Die Technik der Fremdprogrammierung

Gehen Sie vor dem Einschlafen mit der »Drei-Zwei-Eins-Methode« auf die Grundstufe. Sagen Sie sich innerlich dreimal die Zahl drei vor und visualisieren Sie diese gleichzeitig. Atmen Sie tief ein und langsam wieder aus.

Wiederholen Sie den gleichen Vorgang mit der Zahl zwei und schließlich mit der Zahl eins.

Sie befinden sich jetzt auf der Grundstufe oder im Alpha-Zustand.

Einem Anfänger fällt das Absinken in eine tiefere, entspannte Bewußtseinsebene vielleicht leichter, wenn er von zehn bis eins zählt. Stellen Sie sich vor, wie sich Ihr Körper bei jeder Zahl tiefer entspannt.

Falls es Ihre Zeit erlaubt, versetzen Sie sich an Ihren entspannten Ort (siehe Kapitel 2 »Abbau von Streßsymptomen«).

Sobald Sie auf Ihrer entspannten Bewußtseinsebene sind, sagen Sie sich innerlich folgendes Programm vor: »Ich werde aufwachen, wenn . . . [Name(n)] ihren (seinen) letzten Traum träumt bzw. am empfänglichsten für eine Programmierung ist. Ich werde aufwachen und mich erinnern, warum ich aufwachen wollte.«

Dann lassen Sie sich von der Grundstufe aus in den Schlaf sinken.

Sie werden während der Nacht oder am nächsten Morgen aufwachen.

Schließen Sie dann die Augen und programmieren Sie . . . [Name(n)] mit einem positiven Programm.

Danach lassen Sie sich wieder in den Schlaf zurücksinken und schlafen bis zur gewohnten Stunde weiter.

Aller Wahrscheinlichkeit nach werden Sie während der Nacht aufwachen und dann die Programmierung durchführen.

Falls Sie jedoch beim ersten Versuch nicht aufwachen, lassen Sie sich nicht entmutigen. Versuchen Sie es einfach jede Nacht wieder, bis Sie schließlich Erfolg haben und doch aufwachen, um die Programmierung vorzunehmen.

Unter einem »positiven Programm« versteht man, daß Sie eine positive Ausdrucksweise für Ihre Programmierung wählen.

Vermeiden Sie Begriffe wie aufhören, nicht und nie.

Es geht darum zu programmieren, was Sie wollen, und nicht, was Sie nicht wollen. Verwenden Sie positive Redewendungen.

Visualisieren oder verinnerlichen Sie eine Scheinerfahrung, während Sie sich gleichzeitig die Programmierung im Geist vorsagen.

Falsch: »Hören Sie auf, Ihre Angestellten anzubrüllen!«

Richtig: »Sie werden sich von nun an Ihren Angestellten gegenüber mitfühlender und hilfreicher verhalten!«

Am besten wäre es, wenn Sie sich den Wortlaut der Programmierung vor dem Einschlafen notieren und die Notizen in Reichweite aufbewahren, falls Sie später davon Gebrauch machen wollen.

Der Begriff »Nahestehender« bedeutet, daß man für einen Mitmenschen ein besonderes, liebevolles Gefühl empfindet, und das bezieht sich nicht nur auf Familienmitglieder. Die Fremdprogrammierung wirkt also um so stärker, je mehr besondere, liebevolle Gefühle Sie Ihren Mitmenschen entgegenbringen.

Die Konzentration auf positive Ziele

Fremdprogrammierung ist so effektiv, daß sich mancher Sorgen machen wird, sie könnte in falsche Hände geraten. Aber eines der erstaunlichsten Dinge bei der Programmierung anderer ist, daß sie nur im positiven Sinn angewandt werden kann. Die Silva-Fremdprogrammierungstechnik funktioniert nicht, wenn man einen anderen von etwas überzeugen will, das nicht gut für ihn ist, bzw. ihm Schaden oder Unannehmlichkeiten verursacht.

Wenn Sie ein Produkt verkaufen wollen, das nichts taugt, also dem Verbraucher nur geringen oder überhaupt keinen Nutzen bringt, wird sich Ihr Absatz durch die Anwendung dieser Technik sogar verringern. Wer Fremdprogrammierung aber in einer gerechten, fairen Weise einsetzt, dem verhilft sie zu einem neuen, zufriedenstellenden und glücklichen Leben.

Wie schnell kann man mit Erfolgen rechnen?

Die meisten Anwender berichten, daß Fremdprogrammierung schon beim ersten Mal funktioniert. Wenn Sie jedoch das gewünschte Resultat nicht erzielen, fragen Sie sich, ob Ihr Programm auch wirklich positiv ist und für alle Beteiligte von Nutzen. Korrigieren Sie es, wenn nötig, und programmieren Sie die korrigierte Version in der nächsten Nacht noch einmal – und danach Nacht für Nacht, bis Sie das gewünschte Ergebnis erzielt haben. Sie werden sehen, es klappt schnell!

Mentale Werbung

Ändern Sie das obige Programm wie folgt ab, damit es Ihren geschäftlichen Interessen entspricht: »Ich werde aufwachen, wenn die höchstmögliche Anzahl von Menschen, die meine Dienstleistungen oder meine Produkte benötigen, am empfänglichsten für eine Programmierung ist. Ich werde aufwachen und wissen, warum ich aufwachen wollte.«

Wenn Sie in der Nacht oder am nächsten Morgen aufgewacht sind, schließen Sie die Augen und schalten Sie Ihre »mentale Werbesendung« ein.

Beispiel: Hier spricht John Doe von der »Careful Carpet Cleaning Company«. Wir reinigen Ihre Teppiche mit besonderer Sorgfalt und sind bekannt für unsere gute Arbeit. Sie finden unsere Anzeige in den Gelben Seiten unter »Teppichreinigung«.

Also, erinnern Sie sich an unseren Namen »Careful Carpet Cleaning«, 2930-54th Avenue North, St. Peterburg. Ich freue mich auf Ihren Anruf. Unser guter, sorgfältiger Service wird Ihnen gefallen. Also, denken Sie an uns: »Careful Carpet Cleaning«.

Anmerkung: Wie bei jeder erfolgreichen Werbung müssen Sie den Namen der Firma dreimal wiederholen. Sie können die Wirksamkeit der Programmierung verstärken, wenn Sie holographische Verinnerlichung anwenden und eine Scheinerfahrung konstruieren, während Sie Ihre mentale Werbung durchführen.

Beispiele für Fremdprogrammierung

Ich werde aufwachen, wenn mein Sohn . . .

Ich werde aufwachen, wenn mein Mann . . .

Ich werde aufwachen, wenn mein idealer Partner . . .

Ich werde aufwachen, wenn meine Kundin Susie Smith . . .

Ich werde aufwachen, wenn mein Chef Sam Spade . . .

Ich werde aufwachen, wenn mein Mitarbeiter Don Dodge . . .

Ich werde aufwachen, wenn . . .

Auch Sie werden von nun an in der Lage sein, diese Technik anzuwenden, um Ihren Umgang mit schwierigen Menschen zu verbessern und für Ihre Produkte oder Ihre Dienstleistungen auf mentaler Ebene Werbung zu betreiben. Den Möglichkeiten, mit Hilfe der Silva-Fremdprogrammierungstechnik schnell und einfach Änderungen herbeizuführen, sind keine Grenzen gesetzt. Da die allgemeine Anwendung von PSI-Techniken noch erforscht wird, würden wir uns sehr freuen, über Ihre Erfahrungen mit diesen Techniken zu hören.

Eignen Sie sich die Silva-Fremdprogrammierungstechnik an. Mit ihrer Hilfe werden sich Ihnen ungeahnte neue Kommunikationsmöglichkeiten und Überzeugungsfähigkeiten eröffnen.

Kapitel 8
Hilfsmittel zur erfolgreichen Entscheidungsfindung: Der Alpha-Konferenzraum

Hilfsmittel zur erfolgreichen Entscheidungsfindung: Der Alpha-Konferenzraum

Ist Ihnen je aufgefallen, daß auf dem Briefkopf großer Konzerne deren Berater aufgeführt sind? Was würden Sie dazu sagen, wenn Sie ein Expertenteam zur Seite hätten, das Sie bei Ihrer Entscheidungsfindung unterstützt? Das Konzept, von dem hier die Rede ist, hat der Selfmademan und Stahlkönig Andrew Carnegie entwickelt. In dem Klassiker »Think and Get Rich« hat Napoleon Hill Carnegies »Master-Mind-Berater« übernommen und berühmt gemacht. Dr. Hill setzte den »Master-Mind-Konferenzraum« mit erstaunlichem Erfolg ein. Und unser Seminar/Buch wurde nach dem »Master-Mind-Berater-Konzept« benannt.

Stellen Sie sich ein ganz spezielles Beraterteam vor, die besten Fachleute auf jedem Ihrer Interessengebiete. Machen Sie sich ein so genaues Bild von dieser imaginären Expertengruppe, daß Sie mit ihr diskutieren, sich bei ihr Rat holen und mit ihrer Hilfe Probleme lösen können. Dieses Konzept ist zwar einfach zu erklären, aber nach Napoleon Hills Anweisungen nicht so leicht zu befolgen. Viele haben es versucht, aber nur wenigen ist es gelungen, sich ein funktionsfähiges Master-Mind-Beraterteam zu schaffen.

Heute, fünfzig Jahre später, können wir mit Hilfe der modernen Forschung und der klassischen Silva-Methode für geistiges Training Carnegies Idee verwirklichen und erfolgreich umsetzen. Da wir unsere Berater im Alpha-Zustand konstruieren und einsetzen, nennen wir dieses Konzept den »Alpha-Konferenzraum«.

Konstruieren Sie Ihren »Alpha-Konferenzraum«, indem Sie auf die Grundstufe gehen und sich sechs Berater Ihrer Wahl bildhaft vorstellen bzw. visualisieren. Das können lebende, aber auch schon verstorbene Fachleute sein. Stellen Sie sich vor, Sie scherzen und plaudern mit den Koryphäen auf allen Gebieten, die Sie interessieren.

Psychologen behaupten, daß wir die Antwort auf unsere Probleme sehr oft wissen, aber derart emotional verstrickt sind, daß wir die Lösungen nicht finden können. Wenn Sie sich mit einem oder mehreren Mitgliedern Ihres Beraterteams unterhalten, können Sie die Situation objektiver einschätzen und sich aus Ihren emotionalen Verstrickungen befreien.

Um in Ihren »Konferenzraum« zu gelangen, wenden Sie folgende Methode an:

Gehen Sie mit der »Drei-Zwei-Eins-Methode« auf die Grundstufe. Wenn Sie auf Ihrer entspannten Bewußtseinsebene sind, konstruieren Sie auf Ihrem inneren Bildschirm einen »Alpha-Fahrstuhl«, einen luxuriösen Lift mit einem bequemen Sessel in der Mitte. Stellen Sie sich vor, wie Sie diesen Aufzug betreten und sich in den Sessel setzen. Zwei ungewöhnliche Dinge werden Ihnen sofort auffallen. Ihr »Alpha-Fahrstuhl« fährt abwärts, und die Nummern der Stockwerke laufen verkehrt. Der erste Stock ist tatsächlich der erste Stock des Gebäudes – in unserem Fall die oberste Etage. Visualisieren Sie die Zahlen, so wie sie auf dem elektronischen Brett aufleuchten . . . zehn, neun, acht bis hinunter zu eins. Bei eins öffnet sich die Tür und Sie betreten Ihren »Konferenzraum«.

Lassen Sie Ihrer Phantasie freien Lauf, wenn Sie sich diesen Konferenzraum vorstellen: den Konferenztisch, die Konferenzstühle und natürlich Ihren Stuhl – den Stuhl des Vorsitzenden. Statten Sie das Zimmer mit allem aus, was Sie sich wünschen. Manche Leute mögen Computer um sich, Fernschreiber oder riesige Fernsehschirme.

Bringen Sie nun Ihre Berater in den Konferenzraum. Beschließen Sie, wer in den sechs leeren Stühlen um den Konferenztisch herum sitzen soll. Das kann jeder sein, den Sie sich aussuchen – berühmte Leute aus der Vergangenheit, Gegenwart und Zukunft, Protagonisten aus Filmen, Freunde oder eine bunte Mischung der verschiedensten Leute.

Hier einige Vorschläge für geistige Berater: José Silva, Lee Iacocca, Ronald Reagan, Walter Mondale, Og Mandino, Napoleon Hill, Ben Franklin, Golda Meir, Madame Curie, Judith L. Powell, Königin Elisabeth II., F. Lee Bailey, Abraham Lincoln, Susan B. Anthony oder Gloria Steinem. Die Wahl ist unendlich groß. Sie könnten auch jemanden aus der Werbebranche wählen wie David Olgilvy oder auch Ihren interessantesten Konkurrenten, der die Sache erst richtig »in Schwung bringt«.

Ihre Berater kommen jeweils zu zweit im Alpha-Fahrstuhl an.

Nachdem alle sechs Platz genommen haben, setzen auch Sie sich und begrüßen Ihr Expertenteam. Vielleicht möchten Sie bei dieser Gelegenheit Ihrer »Höheren Macht« danken, daß sie diese Konferenz ermöglicht hat. Von nun an werden Ihre Berater im Konferenzraum schon auf Sie warten.

Suchen Sie sich ein Problem oder eine Aufgabe aus und tragen Sie diese Ihrem Expertenteam vor:

Fragen Sie den Berater rechts von Ihnen nach einer Lösung. Atmen Sie tief ein und langsam wieder aus, während Sie Ihre Gedanken ordnen und über die Antwort des rechts von Ihnen sitzenden Beraters nachdenken. Vielleicht haben Sie das Gefühl, als würden Sie das alles erfinden, und das ist auch richtig.

Befragen Sie danach noch einige weitere Berater, bis Sie mehrere mögliche Lösungen haben. Einige Vorschläge klingen vielleicht albern, aber lassen Sie sie nicht fallen. Oft bringen gerade solche Gedanken Ihre Berater oder Sie selbst auf die besten Ideen.

Nachdem Sie alle Berater befragt haben, vergleichen Sie die Lösungen.

Welche Lösung ist die beste für Ihr Berufs- oder Ihr Privatleben?

Sie werden oft eine Antwort erhalten, die Ihnen Zeit und Geld spart.

Machen Sie ein »Brainstorming« mit Ihrem Beraterteam.

Bringen Sie einfach Ihre Ideen vor und lassen Sie sich von Ihren Beratern Einfälle übermitteln, zum Beispiel über Marketing, Zeit-Management, Produktion und Personal, Familie oder persönliche Beziehungen.

Wann immer Sie Resonanz brauchen, können Sie von nun an auf Ihre Konferenzraum-Ebene gehen. Fragen Sie Ihr Expertenteam, was es von Ihren Entscheidungen hält. Seien Sie kreativ, fragen Sie jeden nach Antworten, falls man sie Ihnen nicht von selbst gibt.

Nachdem Sie Ihre Antworten erhalten haben, bedanken Sie sich bei jedem Ihrer Berater einzeln, zählen Sie dann von eins bis fünf und kommen aus der Grundstufe wieder heraus.

Notieren Sie sich unbedingt alle Ideen, vor allem solche, die von Beratern stammen, die eigentlich Ihre Konkurrenten sind.

Sie werden später mit Erstaunen feststellen, daß gerade die von Ihnen abgelehnten Ideen oft von Ihren Konkurrenten aufgenommen und verwirklicht werden.

Ihr Expertenteam liefert Ihnen in allen Bereichen Ihres Lebens jederzeit Ideen zur kreativen Entscheidungsfindung.

Die Ben-Franklin-Methode

Wenn man von Entscheidungsfindung spricht, darf natürlich die alte »Ben-Franklin-Methode« nicht fehlen. Wir fügen also eine überarbeitete Silva-Version an, die zum Beispiel von Vertretern bei Verkaufsgesprächen eingesetzt wird.

Ziehen Sie zuerst einen Strich von oben nach unten mitten durch ein großes Blatt Papier und teilen Sie es in zwei Hälften. Auf die eine Seite schreiben Sie *»Dafür«* und auf die andere *»Dagegen«*. Darunter notieren Sie alles, was für oder gegen Ihre Entscheidung spricht. Nachdem Sie alle Pros und Contras aufgeschrieben haben, ist es nicht mehr schwer, die richtige Entscheidung zu treffen, nämlich die mit mehr Pros als Contras.

Der einzige Nachteil dieser Technik ist, daß die Entscheidung fast ausschließlich von der linken, also der analytischen Hirnhälfte gefällt wird. Die rechte, kreative, intuitive Hälfte hat keinen Einfluß darauf. Mit Hilfe des »Alpha-Konferenzraums« können wir die Ben-Franklin-Technik aber entscheidend verbessern.

Die Ben-Alpha-Technik

Nehmen Sie ein leeres Blatt Papier und ziehen Sie einen Strich, der es in zwei Hälften teilt. Schreiben Sie auf die eine Seite *»Dafür«* und auf die andere *»Dagegen«*.

Gehen Sie mit der »Drei-Zwei-Eins-Methode« auf die Grundstufe, von dort aus in Ihren Alpha-Konferenzraum und nehmen Sie Platz in Ihrem Präsidentenstuhl. Rufen Sie nun die beiden hellsten Köpfe unter Ihren Ratgebern herein, die sich schon bei früheren Diskussionen durch Ihre Beredsamkeit hervorgetan haben.

Machen Sie einen der beiden zum Ratgeber *»Dafür«* und den anderen zum Ratgeber *»Dagegen«*. Lassen Sie den beiden etwas Zeit, damit sie sich ihre Argumente zurechtlegen können. Bleiben Sie mit Hilfe der »Daumenstreichtechnik« entspannt, öffnen Sie die Augen und schreiben Sie Ihre Pros und Contras auf.

Schließen Sie die Augen, atmen Sie tief ein und langsam aus und gehen Sie wieder tiefer auf die Grundstufe. Diesmal brauchen Sie aber die »Drei-Zwei-Eins-Methode« nicht anzuwenden, da Sie ja ohnedies auf Ihrer entspannten Bewußtseinsebene sind. Bitten Sie Ihre Experten jetzt noch einmal um letzte Argumente. Öffnen Sie dann die Augen und schreiben Sie diese auf. (Wenn nötig, können Sie diesen Vorgang so oft wiederholen, bis Ihre beiden Ratgeber Ihnen alles gesagt haben, was sie wissen).

Zählen Sie von eins bis fünf und kommen Sie aus der Grundstufe wieder heraus. Wägen Sie nun die Pros und Contras ab. Durch diese Informationen erhalten Sie eine Antwort, die sowohl die analytischen Gedanken der linken Gehirnhälfte als auch die kreativen, intuitiven Ideen der rechten Gehirnhälfte einbezieht.

Mit Hilfe der »Ben-Alpha-Methode« erhalten Sie eine kreativ und analytisch ausgewogene Problemlösung, die nicht nur hilfreich ist, sondern auch Freude macht.

Zusammenfassung

Wenn Sie Ihr Beraterteam auf Ihrer Konferenzraum-Ebene einsetzen, kann das nicht nur viel Spaß machen, sondern auch sehr hilfreich bei Ihrem privaten oder beruflichen Entscheidungsprozeß sein. Vertiefen Sie Ihre Kenntnis der Persönlichkeiten Ihrer Berater, indem Sie deren Biographien oder Autobiographien lesen. Ihre örtliche Leihbibliothek hat sicher eine ganze Reihe Bücher über einige Ihrer Berater. Der Alpha-Konferenzraum ist eine wunderbare Übung, um Phantasie, Kreativität, Visualisierung und Verinnerlichung zu verbessern. Viel Spaß!

Kapitel 9
Das Geheimnis der Zielsetzung: Ziele erkennen und durchsetzen

Das Geheimnis der Zielsetzung: Ziele erkennen und durchsetzen

Zielsetzungen und Erfolgsstationen

Unter Erfolg versteht man, lohnende persönliche Ziele schrittweise zu erreichen.

Sehr erfolgreiche Leute werden Ihnen bestätigen, daß Zielsetzung einer der wichtigsten Faktoren auf ihrem Weg nach oben war.

Unabhängig von Alter oder gesellschaftlicher Stellung sollte sich jeder von uns Ziele für eine glückliche Zukunft setzen und diese schriftlich festhalten. Was genau wollen Sie in Ihrem Leben erreichen?

Man ist nie zu jung oder zu alt, um sich ein Ziel zu setzen.

Obwohl ich weiß, daß das so ist, war ich jahrelang ein Versager in Sachen Zielsetzung. Ich vermied es, wo ich konnte, mir ein Ziel zu setzen. Ich habe lange gebraucht, um den Grund dafür herauszufinden.

Als kleiner Junge wollte ich immer mit den Großen Football spielen. Eines Tages hatten sie mein Betteln satt und ließen mich mitspielen. Sie gaben mir den Ball und zeigten mir das Ziel, das Tor.

Alles, was ich zu tun hatte, war, den Ball ins Ziel zu bringen. Ich lief los und schon warf mich jemand nieder. Ich stand auf, wollte loslaufen und wieder wurde ich umgeworfen.

Da wurde mir klar, was »Ballverlust« bedeutete. Es bedeutete Sicherheit. Und auf sein Ziel loszugehen, bedeutete, niedergeworfen zu werden. Ich wollte von diesem ganzen Quatsch nichts mehr wissen.

Man konnte dabei schließlich verletzt werden! Als ich älter wurde, ließ ich meine Finger von Zielen. Und wenn ich mir doch welche setzte, scheiterte ich, weil ich die Spielregeln für eine erfolgreiche Zielsetzung nicht kannte. Ich hatte eine geistige Blockierung gegen Zielsetzungen.

Die Lösung des Problems war schließlich, den Ausdruck »Ziel« in »Erfolgsstation« abzuändern. Eine Station zu erreichen, war einfach.

Das tat ich jeden Tag. Ich setzte meine Endstation fest, wenn ich ins Büro ging. Ich verließ das Haus und erreichte problemlos meine Endstation: das Büro. Wenn Sie in der Vergangenheit keinen großen Erfolg mit »Zielsetzungen« hatten, versuchen Sie es doch auch einmal mit »Erfolgsstationen«.

Wenn wir uns Ziele setzen, betreten wir gewöhnlich Neuland. Wir lassen uns auf etwas ein, das wir nicht kennen. Und Sie wissen ja bereits, daß alles Neue mit größter Wahrscheinlichkeit außerhalb unserer Bequemlichkeitszone liegt. Befindet sich unser Ziel außerhalb unseres bekannten Verhaltens, erzeugt dies Streß. Um diese Qual zu vermeiden, setzt das Gehirn oft geistige Blockierungen ein, die uns innerhalb unseres bekannten Verhaltensmusters gefangenhalten. Dadurch nehmen wir automatisch Kurs auf Fehlschläge und fahren in entgegengesetzter Richtung zu unseren Wünschen.

Es gibt zwei Möglichkeiten, dieses Problem zu lösen. Wenn Sie erfolgreich sein wollen, müssen Sie:

1. Die Richtlinien für Zielsetzungen kennen, und
2. in der Lage sein, Ihr inneres Bewußtsein zu überzeugen, daß alles in Ordnung geht, wenn Sie diese(s) Ziel(e) erreichen.

Die Verinnerlichung angestrebter Ziele

Holographische Verinnerlichung und die Konstruktion einer Scheinerfahrung sind nötig, um das innere Bewußtsein glauben zu machen, daß Sie Ihr Ziel schon erreicht bzw. die Handlung schon vollzogen haben. Da der Verstand ein erdachtes Ziel als Realität akzeptiert, werden sowohl Ihre körperlichen als auch geistigen Fähigkeiten harmonisch miteinander arbeiten und Ihnen helfen, die erdachte Erfahrung zu wiederholen. Der Verstand wird mithelfen, indem er sowohl Informationen als auch Emotionen abruft und Ihnen so die richtige »Erfolgsmischung« braut.

Konstruieren Sie eine Scheinerfahrung für jedes Ziel bzw. jede Lösung. Setzen Sie die verschiedenen Augenstellungen ein, um dieses zukünftige Ereignis mit allen

Sinnen – also Sehen, Hören, Tasten, Riechen, Schmecken und Fühlen – einzufangen. Achten Sie zur Intensivierung Ihrer Scheinerfahrung auf alle kleinen Einzelheiten wie zum Beispiel Hintergrundgeräusche. Die beiden Faktoren, die Sie in allen Lebensbereichen erfolgreich machen, sind Ihre holographische Verinnerlichung und die Berücksichtigung der folgenden Zielsetzungsrichtlinien.

Richtlinien für eine erfolgreiche Zielsetzung

Die Kunst der Zielsetzung soll eine Struktur schaffen, die Sie beim Ordnen Ihrer Ideen und Gedanken unterstützt, wenn Sie einen Plan für das konstruieren, was Sie haben möchten.

Jeder Schritt in diesem Zielsetzungsprozeß wird erklärt, und es gibt Formblätter, die Ihnen die Ausarbeitung Ihres Vorgehensplanes erleichtern sollen.

Machen Sie Zielsetzung zu einer Lebensart – einem fortwährenden Entwicklungs- und Wachstumsprozeß, der Ihnen den gewünschten Erfolg bringt. Am wichtigsten dabei ist, daß Sie es zu Ihrer Gewohnheit machen, sich Ziele zu setzen, auf diese hinzuarbeiten und den Erfolg dann auch gebührend auszukosten.

Wunsch

Die Grundvoraussetzung für Erfolg ist der brennende Wunsch, erfolgreich zu sein. Ohne diesen Wunsch fehlt das Engagement, das zum Handeln unerläßlich ist. Sie können Wünsche hervorrufen, indem Sie das, was Sie sich wünschen, niederschreiben, diese Liste immer wieder durchgehen und Vorgehensweisen planen, wie Sie Ihre Wünsche verwirklichen können.

Kümmern Sie sich nicht darum, ob ein Wunsch erfüllbar scheint oder nicht, schreiben Sie Ihre Träume (Ziele) ungeniert in die folgende Liste und lassen Sie dabei Ihrer Kreativität freien Lauf. Entscheiden Sie erst später bei der Planung Ihrer Vorgehensweise, ob es sich lohnt, ein bestimmtes Ziel zu erreichen oder nicht.

Die Zielsetzungsliste

Halten Sie Ihre Ziele schriftlich fest. Schreiben Sie auf, was Sie sich wünschen, was Sie vollbringen, was Sie werden möchten. Listen Sie alles auf – von Ihren kühnsten Träumen bis zu Ihrem bescheidensten Wunsch.

Warn-zeichen	ZIELSETZUNGSLISTE	Prioritäten	Warn-zeichen	ZIELSETZUNGSLISTE	Prioritäten
	X = unrealistisch 0 = Interessenkonflikt * = falsche Zeit			+ = Ausbildung/Studium erforderlich	

Sie haben jetzt eine lange Liste von Träumen, Hoffnungen, Wünschen und Zielen. Wären Sie bereit, keine Anstrengung zu scheuen, um alles das zu verwirklichen, was auf dieser Liste steht, würden Sie das meiste davon wahrscheinlich auch erreichen. Es sind aber sicher viele Punkte darunter, die unrealistisch sind oder Interessenkonflikte mit anderen Zielen hervorrufen. Der nächste Schritt besteht darin, Ziele auszusondern, die Sie auf Ihrem Weg zum Erfolg bremsen könnten.

Anmerkung: Ihre Ziellisten haben an jeder Seite eine Randleiste. In die linke Randleiste tragen Sie Ihre Warnzeichen ein, die rechte ist zum Setzen von Prioritäten vorgesehen.

Warnzeichen

Es gibt viele mögliche Richtlinien für die Entscheidung, ob Sie an einem Ziel festhalten oder es von Ihrer Liste streichen sollen.

Die vier wichtigsten Bereiche sind:

1. Unrealistisch, Zeichen X
2. Interessenkonflikt, Zeichen 0
3. falsche Zeit, Zeichen *
4. Ausbildung/Studium erforderlich, Zeichen +

Unrealistisch

Gehen Sie Ihre Liste durch und setzen Sie das Warnzeichen »X« in die Randleiste vor jedes Ziel, das Sie für unrealistisch halten. Dieser Vorgang hat den Sinn, alle Ziele zu streichen, die zum jetzigen Zeitpunkt nicht in Frage kommen.

Beispiel: Auf dem Mond spazierengehen. Obwohl dieses Ziel erreichbar ist, werden Sie es wohl kaum verwirklichen, falls Sie älter als fünfundsechzig Jahre sind. Sollte dieses Ziel jedoch ein sehr starker Wunsch von Ihnen sein, werden Sie das Unwahrscheinlichkeitszeichen natürlich außer acht lassen.

Interessenkonflikt

Gehen Sie Ihre Liste durch und setzen Sie das Warnzeichen »0« in die Randleiste vor jedes Ziel, das Sie für einen Interessenkonflikt halten. Damit eliminieren Sie jedes Ziel, das einem anderen hinderlich wäre.

Beispiel: Sie leben mit Ihrer Familie glücklich in Florida, aber Sie planen, eine Firma am Nordpol zu errichten. Ihre Familie wird höchstwahrscheinlich alles daran setzen, einen Umzug zum Nordpol zu verhindern. Wenn aber Ihr Wunsch, dieses Ziel zu erreichen, sehr stark ist, werden Sie das Warnzeichen »Interessenkonflikt« natürlich nicht beachten.

Falsche Zeit

Gehen Sie Ihre Liste durch und setzen Sie das Warnzeichen »*« in die Randleiste vor jedes Ziel, für das die Zeit falsch ist. Damit streichen Sie jedes Ziel aus Ihrer Liste, das zum jetzigen Zeitpunkt nicht in Frage kommt.

Beispiel: Sie möchten Eigentümer der gesamten Vereinigten Staaten werden. Dieses Ziel hätte vielleicht vor dreihundert Jahren verwirklicht werden können, aber heute ist das mehr als unwahrscheinlich. Es hätte also in einer anderen Zeit angestrebt werden müssen. Wenn der Wunsch, dieses Ziel zu erreichen, aber groß genug ist, werden Sie die falsche Zeit ignorieren.

Ausbildung oder Studium erforderlich

Gehen Sie Ihre Liste durch und setzen Sie das Warnzeichen »+« in die Randleiste vor jedes Ziel, von dem Sie annehmen, daß es eine andere Ausbildung oder ein Studium erforderlich machen würde. Damit klammern Sie alle Ziele aus, die mehr Zeit in Anspruch nehmen, als Sie bereit sind, für eine neue Ausbildung oder ein Studium aufzuwenden.

Beispiel: Sie wollen Gehirnchirurg werden, obwohl Sie kein Abitur haben. Sind Sie bereit, Ihr Leben zu unterbrechen und viele Jahre Studium auf sich zu nehmen, um Ihr Ziel zu erreichen? Wenn Ihr Wunsch, dieses Ziel zu erreichen, stark genug ist, werden Sie das Warnzeichen Ausbildung/Studium ignorieren.

Inzwischen ist Ihre Zielliste um einiges geschrumpft. Ihr nächster Schritt besteht nun darin, Prioritäten zu setzen und einen zeitlichen Rahmen für Ihre Ziele abzustecken.

KURZFRISTIGE PRIORITÄTSZIELE

Kurzfristige Ziele können einen Tag oder sechs Monate in Anspruch nehmen.

KURZFRISTIGE PRIORITÄTSZIELE		

MITTELFRISTIGE PRIORITÄTSZIELE

Ihre mittelfristigen Ziele können zwischen sechs Monaten und fünf Jahren in Anspruch nehmen (gewöhnlich etwa ein Jahr).

MITTELFRISTIGE PRIORITÄTSZIELE		

LANGFRISTIGE PRIORITÄTSZIELE

Ein langfristiges Ziel kann von fünf Jahren bis ein ganzes Leben in Anspruch nehmen.

LANGFRISTIGE PRIORITÄTSZIELE		

Prioritäten setzen

Gehen Sie Ihre Liste noch einmal durch und setzen Sie Prioritäten für die verbliebenen Ziele. Numerieren Sie in der rechten Randleiste Ihrer Liste die Ziele entsprechend Ihrer Wichtigkeit.

Beim Setzen von Prioritäten liegt die Schwierigkeit darin zu erkennen, welche Ziele am wichtigsten für Sie sind und Ihre sofortige Aufmerksamkeit verdienen, bzw. welche Ziele bis zu einem späteren Zeitpunkt warten können.

Abstecken zeitlicher Rahmen

Teilen Sie nun Ihre Prioritätsziele in drei Kategorien ein: langfristig, mittelfristig und kurzfristig. Dabei werden Sie feststellen, daß die kurz- und mittelfristigen Ziele auf Ihre langfristigen Lebensziele hinarbeiten. Es handelt sich um Aktivitäten, die Sie heute noch erledigen können oder innerhalb der nächsten Woche. Die kurzfristigen und mittelfristigen Ziele bringen Sie also Ihren höchsten Lebenszielen näher.

Übertragen Sie die Ziele ohne Warnzeichen

Übertragen Sie Ihre Ziele, die nicht mit Warnzeichen versehen sind, in den entsprechenden zeitlichen Rahmen, das heißt, langfristig, mittelfristig oder kurzfristig.

Reihenfolge der Ziele

Numerieren Sie Ihre Ziele klar geordnet in der rechten Randleiste Ihres Zeitrahmenblattes. Suchen Sie Sprungbretter. Welches Ziel bringt Sie dem nächsten näher? Was wollen Sie als erstes erreichen? Was als zweites? . . . Bauen Sie sich eine Leiter aus Ihren Zielen.

Erfolgsstationen

Sie verfügen jetzt über eine Liste Ihrer Ziele und haben Ihre Prioritäten gesetzt. Sie können sich also daran machen, einen effektiven Vorgehensplan zu erstellen.

1. *Zielbeschreibung.* Beschreiben Sie Ihre Ziele positiv und genau. Formulieren Sie sie sehr einfach, um leichter feststellen zu können, was Sie wirklich wünschen. Eine klare Beschreibung ist der erste Schritt zum Erfolg.

2. *Hindernisse.* Führen Sie alle Hindernisse auf, die sich Ihnen in den Weg stellen könnten, wenn Sie ein Ziel erreichen wollen, zum Beispiel: Mangel an Fähigkeiten, Verhalten oder Gewohnheiten, einengende Auffassungen, Familie oder Freunde. Wenn man eine Herausforderung bewältigen will, ist Regel Nummer eins, das Problem gründlich zu durchleuchten. Sobald Sie die Hindernisse und Barrieren erkannt haben, können Sie nach Lösungen suchen.

3. *Lösungen.* Gehen Sie auf die Grundstufe, also auf Ihre entspannte Bewußtseinsebene, und setzen Sie Ihre Kreativität und Ihre Phantasie ein, um nach einer Lösung zur Überwindung jedes einzelnen Hindernisses zu suchen, das Sie aufgeführt haben. Vergessen Sie nicht, Ihre geistigen Berater einzuschalten. Wenden Sie dann die Lösungen auf Ihrer Beta-Ebene bzw. Ihrer äußeren Bewußtseinsebene an. Unternehmen Sie die nötigen Schritte, damit Ihre Ziele Wirklichkeit werden. Zuerst denken, dann handeln!

4. *Erfüllungsdatum.* Sobald Sie die Lösungen zur Überwindung der Hindernisse gefunden haben, setzen Sie ein Datum fest, wann Sie das Ziel erreichen wollen.

Lassen Sie sich genug Zeit und überfordern Sie sich nicht! Schreiben Sie das Datum auf.

Wenn Sie sich vornehmen, Ihr Ziel in einer bestimmten Zeit zu erreichen, wird das ein Ansporn für Sie sein. Es ist besser, Sie setzen sich einen zeitlichen Rahmen als ein Zeitlimit. Halten Sie Ihren zeitlichen Rahmen flexibel. Es wird gelegentlich länger dauern, Ihr Ziel zu erreichen, als Sie angenommen haben. Wenn Sie sich ein Zeitlimit setzen, könnte es Sie entmutigen, falls Sie länger brauchen als geplant. Nehmen Sie sich vor, Ihr Ziel rechtzeitig zu erreichen, bleiben Sie aber flexibel genug, Ihren zeitlichen Rahmen neu abzustecken, sollte dies erforderlich sein.

5. *Belohnen Sie sich selbst.* Schreiben Sie alle Vorteile und Belohnungen auf, in deren Genuß Sie kommen, sobald Sie Ihr Ziel erreicht haben. Wenn es Ihr Ziel ist, anderen zu helfen, denken Sie an die persönliche Befriedigung, die Sie aus Ihren Aktivitäten ziehen. Suchen Sie sich für jedes Ziel eine Belohnung aus. Das Aufschreiben der zu erwartenden Vorteile hilft Ihnen, die nötige Motivation und Entschlossenheit zu entwickeln, um Ihren Enthusiasmus aufrechtzuerhalten. Es wird Ihnen dann leichter fallen, Ihre Ziele durchzuhalten.

6. *Konstruieren Sie einen Auslösemechanismus.* Wählen Sie ein Wort, einen Satz oder eine Tätigkeit, die Sie an das (die) Ziel(e) erinnert, das (die) Sie sich gesetzt haben. Programmieren Sie diese Auslösemechanismen auf Ihrer Grundstufe (siehe »Auslösemechanismen«), Ihr(e) Auslöser wird (werden) Ihnen helfen, sich auf Ihrem Weg zum Ziel ständig zu korrigieren.

7. *Fortschrittsbericht.* Überprüfen Sie regelmäßig Ihre Fortschritte. Stellen Sie fest, ob Sie Ihren zeitlichen Rahmen einhalten. Falls nicht, stecken Sie ihn neu ab und ändern Sie ihn. Unterteilen Sie Ihr Ziel in einzelne Schritte, damit Sie Ihre Fortschritte leichter erkennen

können. Haben Sie Ihr Ziel schließlich erreicht, halten Sie das Datum schriftlich fest.

8. *Erfüllungsdatum erreicht.* Ergänzen Sie Ihr Ziel und halten Sie Rückschau, wann immer Sie Selbstvertrauen und Motivation zur Erlangung eines neuen Zieles benötigen.

Erfolgsstationen

Zieldefinition

Hindernisse

Lösungen

Erfüllungsdatum

Belohnungen

Auslösemechanismen

Fortschrittsbericht

Erfüllungsdatum

Zielgerichtetes und erfolgreiches Handeln – Zusammenfassung der Lernschritte

Wenn Sie Ziele mit wenig Mühe definieren und erreichen wollen:

1. Listen Sie die realistischen Ziele auf.
2. Setzen Sie Prioritäten.
3. Legen Sie einen zeitlichen Rahmen fest (kurzfristig, mittelfristig, langfristig).

Erstellen Sie für jedes einzelne Ziel einen Vorgehensplan nach folgendem Muster:

1. Definieren Sie Ihr Ziel positiv und genau.
2. Zählen Sie alle Hindernisse auf, die überwunden werden müssen.
3. Notieren Sie die möglichen Lösungen.
4. Setzen Sie sich ein Erfüllungsdatum.
5. Listen Sie alle Belohnungen und Vorteile auf, die Sie dadurch erhalten werden.
6. Konstruieren Sie einen Auslösesatz, ein Auslösewort oder eine auslösende Tätigkeit.
7. Überprüfen Sie Ihre Fortschritte, insbesondere, ob Sie Ihren Zeitrahmen einhalten.
8. Haben Sie Ihr Ziel erreicht, tragen Sie das Datum ein.

Gehen Sie mit der »Drei-Zwei-Eins-Methode« auf die Grundstufe, sprechen Sie jedes Ziel mit Ihren geistigen Beratern durch und holen Sie sich bei ihnen Rat. Zählen Sie dann von eins bis fünf und kommen Sie aus der Grundstufe wieder heraus.

Gehen Sie täglich mit der »Drei-Zwei-Eins-Methode« auf die Grundstufe. Konstruieren Sie eine Scheinerfahrung mit allen Ihren Sinnen, also Sehen, Hören, Riechen, Tasten, Schmecken und Fühlen. Verinnerlichen Sie jedes Ziel holographisch durch Aktivität, Farbe und Übertreibung. Halten Sie diesen mentalen Filmstreifen nicht nur lebendig, sondern vertiefen Sie ihn ständig durch neue Sinneseindrücke.

Zählen Sie von eins bis fünf und kommen Sie aus der Grundstufe wieder heraus.

Tun Sie in Ihrer Arbeits- und Ihrer Freizeit alles Nötige, um jedes einzelne Ziel zu erreichen. Gehen Sie dabei flexibel mit Ihrem Zeitrahmen um. Viel Spaß!

Literaturverzeichnis

Silva, José and Philip Miele. *The Silva Mind Control Method.* Simon & Schuster Pocket Book Co.

Silva, José and Robert Stone, Ph. D. *The Silva Mind Control Method for Business Managers.* Simon & Schuster Pocket Book Co.

Brown, Barbara Ph. D. *New Mind, New Body.* Harper & Row Publishers Inc.

Brown, Barbara Ph. D. *Super Mind.*

Clark, Glenn. *The Man Who Tapped the Secrets of the Universe.* Walter Russell. The University of Science & Philosphy.

Corbett, Margaret. *Help Yourself to Better Sight.* Wilshire Book Co.

Diamond, Dr. John. *BK-Behavioral Kinesiology.* Harper & Row Publishers Inc.

Ferguson, Marilyn. *Aquarian Conspiracy.* DeVorss & Co.

Friedman, Meyer M. D. and Ray Roseman, M. D. *Type A Behavior and Your Heart.* Borzoi Books.

Gawain, Shakti. *Creative Visualization.* DeVorss & Co.

Golas, Thaddeus. *The Lazy Man's Guide to Enlightenment.* DeVorss & Co.

Health, Education and Welfare, U.S. Department of *Research on Sleep and Dreams.* U.S. Government.

Hill, Napoleon. *Think and Grow Rich.* Wilshire Book.

King, Serge. *Imagineering for Health.* The Theosophical Publishing House.

Krippner, Dr. Stanley and Dr. Montague Ullman. *Dream Telepathy.* Penquin Press.

Malloy, John T. *Dress for Success for Men.* Warner Books.

Malloy, John T. *Live for Success.* Morrow & Co. Inc.

Malloy, John T. *Women's Dress for Success.* Warner Books.

Maltz, Maxwell M. B., F.I.C.S. *Psycho Cybernetics.* Wilshire Book Co.

Murphy, Dr. Joseph. *The Power of Your Subconscious Mind.* Prentice-Hall Inc.

Nierenberg, Gerald I. and Henry H. Calero. *How to Read a Person Like a Book.*

Ostrander, Sheila and Lynn Schroeder. *Super Learning.* Dell Publishing Co.

Peale, Norman Vincent. *Dynamic Imaging.* Fleming H. Revell Co.

Percival. *Thinking and Destiny.* The Word Foundation.

Powell, Tag Ph. D. *As You Thinketh.* Universal Life & Science Foundation.

Powell, Tag Ph. D. *Money and You.* Universal Life & Science Foundation.

Puthoff, Dr. and Dr. Targ. *Mind Race.*

Reese, Reese, and Siudzinski. *Metateaching and Learning.* Southern Institute Press Inc.

Reese, Ed. and Baaley, Dan, *Beyond Sales.*

Selye, Hans M. D. *Stress Without Distress.* Signet Books.

Simonton, O. Carl M. D. *Getting Well Again.* St. Martins Press.

Spalding, Baird. *Life and Teachings of the Masters of the Far East.* DeVorss & Co.

Steadman, Alice S. *Who's the Matter With Me.* DeVorss & Co.

Toffler, Alvin. *Future Shock.* Random House.